Tanrı ile Sohbet

ALIŞILMADIK BİR DİYALOG

1

Neale Donald Walsch

Türkçesi
Nil Gün

... ÖTESİ

Tanrı ile Sohbet
Alışılmadık Bir Diyalog
Conversation With God-1
Neale Donald Walsch
Türkçesi: Nil Gün

Yayın Yönetmeni: Nil Gün
Yayına Hazırlayan: Gülşen Sayın
Kapak: Argüman

İstanbul 1998
ISBN 975-94527-0-7

Baskı: Kaya Matbaacılık
Yayıncılık San. ve Tic. A.Ş.
Tel: 0212. 515 15 82

Ötesi Yayıncılık
Sinan Ercan Cad. No: 34/33 Erenköy-İstanbul
Tel: 0216. 445 22 14 Faks: 0216. 416 48 31
email: kuraldisi@ superonline. com

Sunuş

Tanrı Sevgidir.

Tanrı Bilinçtir.

Tanrı İçimizdeki Bendir.

Yazarın etkilendiği insanların da yazılarıyla, filmleriyle, şarkılarıyla, kitaplarıyla, verdikleri mesaj hep aynı; Tanrı'nın Sevgi, Kozmik Bilinç ve içimizdeki Ben olduğu.

Öyleyse yazarın diyaloğa girdiği kim?

Kendisi! Özbenliği! Özbilinci! İçindeki Ben'i!

Nasıl Martı Jonathan, Richard Bach'ın Ben'i ise bu kitaptaki Tanrı'da Neale Donald Walsch'ın olmak istediği; tabulardan, sınırlı düşünceden, bencillikten, korkudan özgür yaşamak isteyen her insanın olmak istediği. Sınırsız potansiyelini ifade etmek arzusuyla yanan her insanın olmak istediği.

Dinler, insanların olmak istedikleri imgeye Tanrı adını vermiş.

Bir insanın Tanrı tarifini bilirseniz, o insanın potansiyelini bilirsiniz. İnsanın özlemleri, içindeki potansiyel gücü ve hayal gücü onun Tanrı anlayışını oluşturur.

Tanrı insanın ulaşmak istediği her şey. Tanrı insanın olmak istediği yüce Ben'liği.

Yazar, içindeki Ben'e Tanrı adını vermiş ve onunla konuşuyor. Herkes gibi: soruları sormayı bilen ve yanıtları işitmek için sabır gösteren herkes gibi.

Çoğumuzun yapamadığını yani kendisiyle başbaşa kalmayı ve bu anlamda algıladıklarını yazmayı başardığı için, şimdi onun yazdıklarını okuyoruz, kendi yazdıklarımızı değil.

İyi okumalar!

Nil Gün

Teşekkür

Önce, sonra ve daima bu kitapta olan her şeyin Kaynağına teşekkür etmek istiyorum. O, hayat olan her şeydir ve hayatın kendisidir.

İkinci olarak, tüm dinlerin azizleri ve bilge kişileri de dahil olmak üzere spiritüel öğretmenlerime teşekkür etmek istiyorum.

Üçüncü olarak da hayatımı derinden etkileyen birçok insana teşekkür etmek istiyorum. Her birimizin hayatında kendi gerçeklerini bize söyleyen, sabırlarıyla hatalarımıza katlanmak zorunda kalan, bilgeliklerini bizimle paylaşan hiçbir kategoriye koyamadığımız birçok insan vardır. Kimi bizi kabul ederek kimi de bizi reddederek gelişmemizi, bir şekilde daha büyümemizi sağlayan birçok insan.

Anne ve babamın yanı sıra büyümeme yardımcı olan insanlardan bazıları Samantha Gorski, Tara-Jenelle Walsch, Wayne Davis, Bryan Walsch, Martha Wright, Ben Wills Jr, Roland Chambers, Dan Higgs, C. Berry Carter II, Ellen Moyer, Anne Blackwell, Dawn Dancing Free, Ed Keller, Lyman W. (Bill) Griswold, Elisabeth Kübler-Ross ve sevgili Terry Cole-Whittaker.

Bu gruba eski eşlerimi de dahil etmek istiyorum. Hayatıma derinden katkıda bulunan eski eşlerimin özel yaşamlarına saygımdan dolayı isimlerini belirtmiyorum.

Özellikle bilgeliğiyle, anlayışı ve sevgisiyle en yüce insan ilişkilerinin fantezi olarak kalmayıp rüyaların gerçekleşebileceğini bana gösteren yardımcım, eşim ve partnerim Nancy Fleming Walsch'u düşünmek bile yüreğimi ısıtmaya yetiyor.

Son olarak da, hiç tanışmadığım ama yaşamları ve yaptıklarıyla beni derinden etkileyen, varlığımın derinliğinde yaşattıkları haz için teşekkür etmek istediğim nice insan var: şarkılarıyla hayatın nasıl olabileceği konusunda bana umut veren John Denver, yazdıklarıyla sanki benim deneyimimi anlatan Richard Bach, sanatıyla gerçek olanı hissetmemi sağlayan Barbra Streisand, başkalarının yaklaşmaya bile cesaret edemediği konularda sorular sorabilen ve yanıtlayabilen artık aramızda olmayan Robert Heinlein gibi.

ANNE M. WALSCH

Sadece Tanrı'nın varolduğunu değil,
Tanrı'nın benim en iyi arkadaşım
olduğunu öğreten;
bana anne olmaktan öte
Tanrı sevgisini içimde doğurtan
ilk tanıştığım melek olan annem için.

ALEX M. WALSCH

Hayatım boyunca, "Hiçbir şey zor değildir."
"Hayır diye bir yanıtı kabul etmek zorunda değilsin."
"Kendi şansını kendin yaratırsın."
"İstediğin her şey dünyada bol miktarda var."
gibi sözlerle beni büyüterek
bana korkusuz olmayı ilk öğreten kişi
olan babam için.

Giriş

Olağanüstü bir deneyim yaşamaya hazır olun. Tanrı'yla sohbet etmeye başlayacaksınız. Evet, evet. Biliyorum... bu mümkün değil. Bunun imkansız olduğunu düşünüyorsunuz belki, ya da size böyle öğretildi. İnsan Tanrı'yla konuşabilir elbette ama Tanrı *ile* değil. Yani Tanrı söylediklerinize yanıt vermez,değil mi? En azından bildiğimiz günlük konuşmalara.

Ben de sizin gibi düşünüyordum. Ama bu kitap bana geldi. Sözcüğün tam anlamıyla bana geldiğini söylüyorum. Bu kitap benim tarafımdan yazılmadı, bana geldi. Siz okuduğunuzda size de gelecek. Çünkü *her birimiz hazır olduğumuz gerçeklere doğru yönlendiriliriz.*

Hayatım büyük olasılıkla, yaşadıklarımdan kimseye söz etmeseydim çok daha kolay olacaktı. Bu kitabın bana getireceği zorluklar ne olursa olsun (kafir, sahtekar, bu gerçekleri geçmişinde yaşamayan bir hipokrat veya daha da kötüsü; ermiş kişi konumunda görülmek) artık süreci durdurmak imkansız hale geldi. Ayrıca durdurmayı da istemiyorum. Tüm bu olan bitenden uzaklaşma şansım vardı ama uzaklaşmadım. İnsanların (bu kitapta okuyacakları şeyler için) hakkımda söyleyeceklerini dinlemek yerine sezgilerimin bana söylediklerini dinlemeye karar verdim. Sezgilerimin bana söylediği; bu kitabın, spiritüel hayal gücü gelişmiş bir insanın hezeyanları ya da sağlıksız yaşam sürdüren bir insanın öfke dolu bir arayışla kendini haklı çıkarma çabası olmadığı. Oh, tüm bunları ben de düşündüm; her bir karşı çıkışı. Yazdıklarımı, henüz daktilo edilmiş haldeyken birkaç kişiye okumaları için verdim. Duygulanmışlardı... Gözyaşlarına boğulmuşlardı... Gülmüşlerdi... Ve hayatları değişmişti, değişmişlerdi ve güçlenmişlerdi.

Çoğu temel bir dönüşüm yaşadıklarını söylüyordu. İşte o zaman, bu kitabın herkes için olduğunu anladım. Basılmalıydı; gerçek yanıtları işitmek isteyenler için harikulade bir armağandı ve de soru sormayı bilenler için, açık yürekle, ruh ve zihin açıklığıyla gerçeğin arayışını benimseyenler için. Bu tarif hepimize uymuyor mu?

Bu kitap, yaşam ve sevgi; amaç ve işlev; insanlar ve ilişkiler; iyi ve kötü; suçluluk duygusu ve günah; affetmek ve kurtarılmak; Tanrı'ya giden yol ve 'Cehennem'e giden yol... hemen her şeyi içeriyor. Seks, güç, para, çocuklar, evlilik, boşanma, yaşam amacı, sağlık, yaşamın öncesi ve sonrası... her şeyi kapsıyor. Savaşı ve barışı; bilmeyi ve bilmemeyi; vermeyi ve almayı; hazzı ve acıyı araştırıyor. Somut ve soyut; görünen ve görünmeyen; gerçek ve gerçek olmayan her şeyi...

Bu kitabı Tanrı'nın son günlerdeki düşünceleri olarak da algılayabilirsiniz. Onun iki bin yıl önce son konuşmasını yapıp sustuğunu düşünenleriniz de olabilir. Tanrı'nın yalnızca bilge insanlar aracılığıyla ya da otuz yıldır meditasyon yapan kişilerle, en azından yaşamlarının son on yılını dürüstçe yaşayan insanlar aracılığıyla iletişim kurabileceğini de düşünebilirsiniz. Bu kategorilerin hiçbirine dahil değilim.

Gerçek şu ki, Tanrı herkesle konuşuyor. İyiyle de kötüyle de, azizle de hırsızla da. Ve bu tariflerin arasında kalan herkesle.

Kendinizi düşünün; yaşamınız boyunca Tanrı sizinle çok kez konuştu. Bu da onlardan biri. Şu deyimi kaç kez işittiniz? "Öğrenci hazır olduğunda, öğretmen gelir." Bu kitap bizim öğretmenimiz.

Bu kitabın bilgileri bana geldiğinde Tanrı'yla konuştuğumu biliyordum. Doğrudan öznel olarak. Yanılmasız. Tanrı sorularımı, anlayabilme yeteneğimle doğru orantılı olarak yanıtlıyordu. Yani sorularıma anlayabileceğim kapasitede ve dilde yanıt veriyordu. Artık, yaşamımda bana gönderilen her deneyimin Tanrı'dan geldiğini biliyorum.

Bütün sorularımın yanıtlarını, harikulade deneyimlerin ve mesajların içinden gelen verilerle aldığımı biliyorum.

Bu yazı yolculuğunda öyle bir an geldi ki, bir kitap oluştuğunun farkına vardım: yayınlanması gereken bir kitap. Gerçekten de diyaloğun son bölümlerinde üç kitabın oluşacağının bilgisini aldım.

- Birinci kitap, bireysel konuları, bireyin yaşam mücadelesini ve olanaklarını inceleyecekti.
- İkinci kitap, gezegenimizin jeopolitik ve metafizik yaşamı, dünyanın şu anda yüz yüze olduğu sorunlar gibi global konuları içerecekti.
- Üçüncü kitap, üst düzenin evrensel gerçekleri, ruhun dersleri ve gelişim olanaklarını paylaşacaktı.

Elinizde tuttuğunuz kitap, birinci kitap olarak 1993 Şubatı'nda tamamlandı. Bazı sözcükler ve cümleler farklı tonda geldiğinden daha net anlaşılması için onları italikle belirttim.

Bu kitaptaki bilgeliği tekrar tekrar okudum. Kendi yaşamımdan utanç duyduğumu itiraf etmeliyim. Yaşamım hatalar ve yanlışlarla dolu. Başkalarının zarar gördüğü seçimler yaptım ve kararlar aldım. Bu kararlardan bazıları toplum tarafından affedilemez nitelikteydi. Verdiğim acılardan anlatılmaz pişmanlıklar duymama rağmen, öğrendiklerim ve öğreneceklerim için şükran duygumu sözcüklerle ifade edebilmem olanaksız. Yaşamıma giren herkesten bir şeyler öğrendim. Bazı derslerde yavaş bir öğrenci olduğum için herkesten özür diliyorum ve hatalarım için özür dilerken, korku ve suçluluk duymak yerine, kendimi affederek daha büyük bir vizyonu yaşama arzusuyla Tanrı'nın teşvikini her an içimde hissediyorum.

Hepimiz için Tanrı'nın isteğinin de bu olduğunu biliyorum.

Neale Donald Walsch
Central Point, Dregon
Noel, 1994

~1~

1992'nin baharıydı. Hatırladığım kadarıyla Paskalya zamanıydı. Yaşamımda olağanüstü bir fenomenle karşı karşıyaydım. Tanrı sizinle konuşmaya başladı. Benim aracılığımla.

Bırakın bunu açıklayayım.

O dönemde çok mutsuzdum. Özel yaşamımda da iş yaşamımda da duygu dünyamda da yani her alanda hayatım bir başarısızlık abidesiydi. Yıllar boyu düşüncelerimi yazıya dökmek gibi bir alışkanlığım vardı. Bu, asla gönderilmemiş mektupları da kapsıyor. Yine sarı müsvedde defterimi alıp, duygularımı sayfalara dökmeye başlamıştım.

Bu kez, beni yaraladığına inandığım bir kişiye mektup yazmak yerine, doğrudan kaynağa yazmaya karar verdim. Hepimizi en fazla yaralayan, bizden yardımını esirgeyen o değil miydi?

Tanrı'ya bir mektup yazmaya karar verdim. İsyan, öfke, karmaşa ve yargılamalarla dolu bir mektup. Kızgın sorular yığını.

Yaşamım neden istediğim gibi gitmiyordu? İsteklerimin gerçekleşmesi için ne yapmam gerekiyordu? Niçin ilişkilerimde bir türlü mutluluğu bulamıyordum? Yeterince para kazanarak ömür boyu mutlu, doyumlu olacak mıydım? Ama en önemli soru yüreğimden gelendi: *Yaşamak için böylesine mücadele vermek zorunda kalmayı hak edecek ne yapmıştım?*

Kızgınlıkla, yanıtını alamayacağımı bildiğim sorularla dolu sayfayı ve kalemi fırlatmak üzereyken, elim sanki tutkalla yapıştırılmış gibi kağıttan ayrılamadı. Sanki gizli bir güç elimi orada tutuyordu. Birdenbire kalem *kendi kendine* yazmaya başladı. Ne yazacağım hakkında hiçbir fikrim yoktu. Ama sözcükler sayfaya dökülüyordu. Kendimi bırakmaya karar verdim. Şöyle yazdı:

Gerçekten tüm bu soruların yanıtını bilmek istiyor musun, yoksa kızgınlıklarını ifade ederek rahatlamak mı istiyorsun?

Gözlerimi kırpıştırdım... zihnimde yanıt belirdi. Hemen yazdım.

Her ikisi de. Kesinlikle öfkemi ifade etmek ve rahatlamak istiyorum. Ama sorularımın yanıtını alsam bile, 'cehenneme kadar yolun var' demek de istiyorum!

"Cehenneme kadar yolun var" demek hoş ama "Cennete kadar yolun var" demek daha hoş değil mi?

Ve yazdım:

Ne demek istiyorsun?

Bir anda farkında bile olmadan diyaloğa girmiştim... Buna yazı yazmak denmezdi, sanki bana *söylenenlerin notunu alıyordum.* Not alma süreci üç yıl sürdü. O dönem içinde nereye gittiğimin farkında bile değildim. Kağıda döktüğüm soruların yanıtı *kendi düşüncelerimden uzaklaşmadıkça* bana gelmiyordu. Ama yanıt geldiğinde, yazmaya yetişmekte zorluk çekiyordum. Hıza yetişmek için adeta sözcükleri karalıyordum. Kafam karıştığında ya da sözcüklerin başka bir yerlerden geldiğini hissettiğimde kalemi bırakıyordum, ta ki yeniden ilham gelmeye başladığını hissedene dek. (İlham yerine başka bir sözcük bulamadığım için üzgünüm ama başka hiçbir sözcük hissettiklerimi ifade etmiyor.) Yeniden sarı müsvedde defterime dönüyor ve not almaya başlıyordum.

Bu satırları yazarken bile not alma süreci devam ediyor... Önceleri bu diyaloğa inanamadım, daha sonra yanıtların bana özel olduğunu düşündüm ve şimdi yalnızca bana hitap etmediğini biliyorum. Bu kitapla karşılaşan size ve herkese hitap ediyor. Çünkü aynı soruları soruyor bu yolculukta olanlar. Bu diyaloğa mümkün olduğunca çabuk girmenizi istiyorum. Burada önemli olan, bu diyaloğun yalnızca benim diyaloğum olmadığı. Bu, sizin de sohbetiniz. Sizin yaşam öykünüz sizi bu kitapla buluşturdu. Kendi yaşam deneyiminiz için bu kitapla karşılaştınız. Başka türlü bu kitap (şimdi ve burada) elinizde olamazdı.

Şimdi sohbete, çok uzun zamandır sorduğum bir soruyla başlayalım: Tanrı nasıl konuşur? Kiminle konuşur? Bu soruyu sorduğumda, işte aldığım yanıt:

Herkesle konuşurum. Hem de her an. Soru kiminle konuştuğum olmamalı. 'Kim dinliyor?' diye sormalısın.

Yanıttan aklım karışmış ve düşünceli bir halde Tanrı'dan konuyu biraz daha açmasını istedim. İşte söylediği:

Öncelikle, *konuşmak* sözcüğünü *iletişim kurmak* olarak değiştirelim. Çok daha dolu ve doğru bir sözcük. Birbirimizle konuşmaya çalıştığımızda kendimizi sözcüklerin sınırlarına hapsediyoruz. Bu nedenle, asla yalnızca sözlerle iletişim kurmuyorum. Hatta bunu çok nadiren yapıyorum. Benim en yaygın olarak kullandığım iletişim biçimi duygulardır.

Duygular ruhun dilidir.

Bir şeyin doğru olup olmadığını bilmek istiyorsan, ne *hissettiğine* dikkat et.

Duygularınızı bazen fark etmekte zorlanabilirsiniz. Hatta daha da zoru -fark ettiğiniz- duygularınızı kabullenmektir. Ama en büyük gerçeğiniz duygularınızın derinliğinde saklıdır. *Çabanız, bu duygularınıza ulaşabilmek olmalı. Size bunun nasıl olabileceğini göstereceğim, eğer isterseniz.*

Tanrı'ya bunu istediğimi söyledim. Ama öncelikle ilk soruma daha net bir yanıt almalıydım.

Ben düşüncelerle de iletişim kurarım. Düşünce ve duygular aynı şey değildir ama aynı anda aynı soruyu sorabilirler. Düşünceyle iletişim kurduğumda, genellikle imaj ve resim kullanırım. Bu nedenle, düşünceler bir iletişim aracı olarak sözcüklerden daha güçlüdür.

Duygu ve düşüncelerin yanı sıra, etkili bir iletişim aracı olarak *deneyimi* kullanırım. Ve en son olarak, duygularla, düşüncelerle ve deneyimlerle ulaşamadığımda, sözcükleri kullanırım. Sözcükler en zayıf iletişim aracıdır. Yanlış yorumlamaya, yanlış anlaşılmaya en açık olandır.

Neden mi böyle? Sözlerin doğasından. Sözler, yalnızca bir takım gürültülerdir; duyguların, düşüncelerin, deneyimlerin yerini alan gürültüler. Semboller, işaretler... Gerçekler değil.

Sözler bir şeyleri anlamanıza yardımcı olabilir. Deneyim, bilmenize yardım eder. Ama bazı şeyler vardır ki deneyimleyemezsiniz. Bu nedenle size başka bilme yolları verdim. Onlara duygu diyorsunuz. Bazen de düşünce.

En büyük paradoksunuz, Tanrı sözcüğüne böylesine önem verirken, deneyimlerinizi yadsımanız.

Deneyime öylesine az değer veriyorsunuz ki Tanrı'yı deneyimlemenizle Tanrı hakkında işittikleriniz arasında bir fark olduğunda deneyimi göz ardı edip, işittiklerinize yani sözcüklere sahip çıkıyorsunuz. Oysa tam tersi olmalı.

Deneyimleriniz ve duygularınız, bir şey hakkında gerçek ve sezgisel bilgilerinizi temsil eder. Oysa sözcükler yalnızca bildiklerinizi sembolize etme çabasıdır. Ve sözcükler bildiklerinizi daha karmaşık hale getirir.

Benim iletişim kurduğum yollar duygu, düşünce ve deneyim olmasına rağmen şuna dikkat edin: Düşündüklerinizin, hissettiklerinizin, deneyimlediklerinizin hepsi Ben'den kaynaklanmıyor. Benim adıma, başkaları tarafından söylenen nice sözler var. Birçok inançlara dayanan düşünceler ve duygular da Bana dayanmıyor. Bu insanların deneyimledikleri de Ben değil, inançları. Burada önemli olan seçimlilik. Tanrı'dan gelen mesajlarla başka kaynaklara dayalı verilerin ayrımına varmakta zorlanıyorsunuz. Seçimlilik, yalnızca temel kuralın uygulanmasıyla kolay hale gelir. Benim mesajım, sizin *En Geniş* Düşünceniz, *En Net* Sözünüz, *En Büyük* Duygunuzdur. Bundan daha az olan her şeyin kaynağı Ben olmayandır.

Şimdi, seçimlilik kolay hale geliyor. Çünkü Benim yoluma girmiş yeni bir öğrenci için bile bu ayrımı yapmak kolaydır: *En Geniş, En Net, En Büyük.*

Size yine de rehber bir harita vermek istiyorum:

En Geniş Düşünce, *hazzı* içinde barındıran düşüncedir.

En Net Söz, *gerçeği* ifade eden sözdür.

En Büyük Duygu, sizin *Sevgi* dediğiniz duygudur.

Haz, Gerçek, Sevgi.

Bunlar birbiriyle iç içedir, biri sizi diğerine götürür. Sıralamanın hiçbir önemi yoktur. Bu rehber haritayla, hangi mesajın Ben'den, hangi mesajın bir başka kaynaktan geldiğinin farkına varabilirsiniz. Ama sorunun asıl önemli yanı, mesajlarımın benimsenerek uygulanıp uygulanmadığıdır.

Mesajlarımın çoğu yaşamınızda uygulanmıyor. Çünkü bazılarının doğruluğundan kuşkulanılıyor, bazılarının uygulaması zor geliyor. Çoğu da yanlış anlaşılıyor. Büyük bir kısmı ise algılanmıyor bile. En güçlü iletişim deneyim olmasına rağmen, bunu bile göz ardı ediyorsunuz. Hatta özellikle deneyimi göz ardı ediyorsunuz.

Eğer deneyimlerinizin mesajlarını algılıyor olsaydınız, yaşamınız şu andaki gibi olmayacaktı. Deneyimlerinizin mesajlarını dinlemediğiniz için aynı deneyimleri tekrar ve tekrar, tekrar ve tekrar yaşıyorsunuz. Benim amacım sulandırılamaz, iradem göz ardı edilemez. Mesajı alacaksınız. Er ya da geç.

Sizi asla buna zorlamayacağım. Asla sizi kandırmayacağım. Çünkü size özgür irade verdim: seçimlerinizde özgür olabilmeniz için. Bu seçim özgürlüğünü asla sizden geri almayacağım. Ve size aynı mesajları tekrar ve tekrar göndermeye devam edeceğim; binlerce yıl sürse de. Evrenin neresinde olursanız olun, sonsuza dek mesajlarımı göndermeyi sürdüreceğim, ta ki siz onları algılayana, kucaklayana, kendiniz olduğunuzu hissedene dek.

Mesajlarım milyonlarca yıl boyunca, binlerce anlarda, yüzlerce şekilde size ulaşacak. Gerçekten dinlemeyi bilirseniz, onları duymamanız mümkün değil. Gerçekten işittiğiniz anda ise onları yadsımanız mümkün değil. İşte o zaman iletişimimiz başlayacak. Geçmişte yalnızca siz (Bana) konuştunuz Ama Beni duymazdan geldiniz. Bazen, 'ya yoksa' diyerek Ben'i aşağıladınız, bazen de 'ya varsa' diyerek korkudan yüceleştirdiniz. Şimdi ise sizinle konuşuyorum, hep yaptığım gibi.

Bu iletişimin Tanrı'yla olduğunu nereden bilebilirim? Ya bu benim hayal ürünümse?

Ne fark ederdi ki. Herhangi bir başka yolla olduğu gibi hayallerinle de sana ulaşabileceğimi hala anlayamıyor musun? Sana amacın doğrultusunda herhangi bir anda, doğru düşünceleri, duyguları, sözleri getiriyorum; bir yolla ya da birçok yolla.

Bunların Benden geldiğini bil! Çünkü asla böylesine net düşünmedin, ifade etmedin. Eğer daha önce sorularını böyle netlikle sormuş olsaydın, şimdi bana soru sorma gereği duymazdın.

Tanrı kiminle iletişim kuruyor? Özel insanlar, özel zamanlar var mı?

Herkes özeldir, her an özeldir. Birinden daha özel olan ne insan ne de an vardır. Çoğu insan, Tanrı'nın çok özel yollarla özel kişilerle iletişim kurduğunu sanır. Böyle olduğuna inanmayı seçer. Bu da kitleleri, benim mesajlarımı bırakın işitmeyi *algılamak* sorumluluğundan kurtarır. Başkalarının söylediklerini dinlemek daha kolay gelir. Beni dinlemek zorunda değilsiniz. Nasıl olsa başkaları sizin adınıza dinliyor. Her konuda, her şeyde başkalarının sizin adınıza dinlediğine karar vermişsiniz bile, yani profesyonel dinleyicileriniz var. Onları dinleyerek, benim ne söylediğimi anladığınızı sanıyor ve kendiniz düşünmek zorunda kalmıyorsunuz. İşte bu nedenle çoğunuz bireysel boyuttaki mesajlarımı alamıyorsunuz. Eğer mesajlarımı doğrudan aldığınızı kabul edebilseydiniz, yorumunun sorumluluğunu da üstlenmek durumunda kalacaktınız. Şu anda benden doğrudan alabileceğiniz mesajları algılamak ve yorumlamak yerine başkalarının (iki bin yıl önce yaşamış olsalar bile) yorumunu kabul etmek size daha güvenli ve kolay geliyor.

Sizi, Tanrı'yla yeni bir iletişim boyutuna davet ediyorum: *iki yönlü iletişim*. Gerçekte siz beni davet ettiniz. Ben size bu şekilde geliyorum. *Çağrınıza* yanıt vermek için.

Neden, bazı insanlar senin 'sesini' başkalarından daha iyi duyabiliyorlar?

Çünkü bazı insanlar gerçekten 'dinlemeyi' biliyorlar. 'İşitmeye' açıklar. İletişime açıklar. 'Duydukları' toplumun değer yargılarına göre yanlış , korkutucu ya da çılgınca olsa da.

Söylenenler yanlış bile olsa Tanrı'yı dinlemeli miyiz?

Özellikle yanlış gibi göründüğünde. Eğer her şeyde doğruysanız, Tanrı'yla 'konuşmaya' neden ihtiyaç duyuyorsunuz?

Tüm bildiklerin doğrultusunda davranmaya devam et. Bunu zamanın başladığı noktadan itibaren yaptığınıza da dikkat et. Ve şu anda dünyanın durumuna bak. Görülen o ki, kaçırdığınız bir şey var. Anlayamadığınız bir şeyler var. Anladığınız şey size doğru görünür, çünkü 'doğru' uzlaştığınız bir şeyin tanımlamasıdır. Ama kaçırdığınız şey, ilk başta size 'yanlış' gibi görünür. Bunu aşmanın yolu kendinize şu soruyu sormaktan geçiyor: *"Ya 'yanlış' diye bildiklerim 'doğru' ise?"* Her büyük bilim insanı bunu bilir. Bilim insanının yaptığı şey, tüm varsayımları bir kenara iterek yeniden başlamaktır. Tüm büyük keşifler, yeteneğin, yanılma olasılığının alçakgönüllülükle kabul edilmesinin birleşiminden doğar. Şu anda burada gereken şey de bu.

Tanrı'yı bildiğinizi iddia etmeyi bırakana kadar Tanrı'yı bilemezsiniz. Tanrı'yı işittiğinizi iddia etmeyi bırakana kadar Tanrı'yı işitemezsiniz.

Kendi gerçeğinin Ben'den geldiğini iddia etmeyi bırakana kadar Ben sana kendi Gerçeğimi söyleyemem.

Ama benim gerçeğim senden geliyor.

Kim söylüyor?

Başkaları.

Kim, başkaları? 'Liderler: rahipler, hahamlar gibi din adamları; kitaplar: İncil, Tevrat vb... Allah aşkına! Onlar Gerçek kaynak değiller.

Değiller mi?

Hayır.

Peki Gerçek kaynak ne?

Duygularını dinle. En yüksek Düşüncelerini dinle. Deneyimlerini dinle. Bu dinlediklerin, öğretmenlerin, kitapların söylediklerinden farklılık gösteriyorsa, sözleri unut. Sözler Gerçeğin en az güvenilir mesajıdır.

Sana çok şey söylemek istiyorum. Çok şey sormak istiyorum. Nereden başlayacağımı bilemiyorum. Örneğin neden kendini göstermiyorsun? Sen gerçekten Tanrı'ysan, neden hepimizin anlayacağı bir yolla kendini göstermiyorsun?

Kendimi defalarca gösterdim. Tekrar ve tekrar gösterdim. Şu anda yaptığım da bu.

Hayır! Yadsınamayacak bir şekilde kendini göstermekten bahsediyorum.

Nasıl?

Şu anda gözlerimin önünde belirmen gibi.

Şu anda bunu yapıyorum.

Nerede?

Nereye bakarsan.

Hayır. Şüphe götürmeyen bir yolu kastediyorum. Hiçbir insanın yadsıyamayacağı bir yolla.

Bu sence nasıl bir yol olmalı? Hangi formda görünmemi isterdin?

Gerçekten sahip olduğun formla.

Bu imkansız. Çünkü anlayabildiğiniz bir formum yok. *Anlayabildiğiniz* bir forma bürünebilirim ama herkes kendi gördüğü formu Tanrı'nın sonsuz biçiminden biri olduğunu kabul etmek yerine Tanrı'nın *tek* formu olarak kabul ederdi.

İnsanlar, Benim kendi gördükleri gibi olduğuma inanıyorlar; görmedikleri de olduğuma değil. Ama Ben Büyük Görünmeyenim, herhangi bir anda tezahür ettiğimle sınırlı değilim. Ben Olmayan Olan'ım. Olan-Olmayan noktasına daima dönerim.

Ama, herhangi bir formda -insanların beni anlayabildiği bir formda- geldiğimde, insanlar beni o formla ebediyen sınırlamaya kalkarlar.

Bir başka formda kendimi ifade ettiğimde ise, insanlar ya ilk formda görünmediğim için beni yadsırlar ya da aynı sözleri söylemediğim için. Bu nedenle benim Ben olmadığımı savunurlar.

İşte bu nedenle, hangi formda ya da biçimde görünürsem görüneyim, hiçbiri herkes için ikna edici olmayacaktır.

O zaman tüm şüphe ve soruların ötesinde gerçeği gösterebilecek bir şey *yapsaydın?*

O zaman da kimi bunun şeytan işi, kimi de halüsinasyon olduğunu söyleyecekti. Ya da Ben'in dışında herhangi bir neden.

Tanrı tanrısallığını dışsal gözlemlerle ifade etmez, ancak içsel deneyimlerle ifade eder. İçsel deneyim tanrısallığı hissettiğinde, dışsal gözleme gerek duymaz. Eğer dışsal gözlem gerekli görülüyorsa, içsel deneyim imkansızdır.

Beni kanıtlamaya uğraştığınız sürece kanıtlayamazsınız. Çünkü açıklanması gereken bir Tanrı yoktur. Kanıt arzusu içtense, bu size bir deneyim yaratır. Çünkü düşünce arzuyla birlikte *yaratıcıdır*, sözleriniz *üretkendir*. Düşünceniz sözlerinizle birlikte -harika bir şekilde- realitenize gerçeklik kazandırır. Doğurur.

Bu nedenle Tanrı sizin izin verdiğiniz ölçüde gerçeklik kazanır. Eğer Tanrı'yı tümüyle bilseydiniz, zaten bu soruyu sormazdınız.

Bu istediğim şeyi talep edemeyeceğim anlamına mı geliyor? Dua etmenin aslında *istediğimiz şeyi bizden uzaklaştırdığını* mı söylüyorsun?

Bu soru asırlardır soruldu. Her sorulduğu anda da yanıt verildi. Ama yanıtı işitmediniz ya da inanmadınız.

Soru, işte yeniden bugünün diliyle yanıtlanıyor:

Dua yoluyla ne istediğiniz bir şeyi elde edebilirsiniz ne de istediğiniz her şeye sahip olabilirsiniz. Çünkü dualarınız yoksunluk bilincinden kaynaklanıyor. Ve isteklerinizin sizin istediğiniz tek yolla gerçekleşmesini bekliyorsunuz.

Doğru dua, yalvarma duası değil, şükran duası olmalıdır.

Tanrı'ya kendi realitenizde deneyimlemeyi seçtiğiniz bir şey için *önceden* teşekkür ettiğinizde, sonuçları *olmuş gibi* kabul ettiğiniz anlamına gelir. Bu nedenle şükran duası en güçlü mesajdır, henüz istemeden Tanrı'nın size yanıt vermiş olduğunun olumlamasıdır.

Yalvarmayın. Değer bilin. Şükran, *değer bilmektir.*

Peki bir şey için önceden Tanrı'ya şükran sunduğum halde yine de gerçekleşmezse ne olur? Bu, inançlarımın sarsılmasına ve burukluğa yol açar.

Şükran, Tanrı'yı maniple etme aracı değildir... Evreni kandırma yolu değildir. Kendinize yalan söyleyemezsiniz. Zihniniz, düşüncelerinizin gerçek olup olmadığını bilir.

"Tanrım şunun bunun için teşekkürler" dediğinizde, istediğiniz gerçekliğin şu andaki realitenizde olmadığının net olarak bilincindeyseniz, Tanrı'nın sizin yürekten inanmadığınız şeye inanmasını ve size bunu realiteniz olarak sunmasını bekleyemezsiniz.

Tanrı sizin bildiğiniz kadar bilir ve realitenizle ifade bulan gerçeklik, bildikleriniz ölçüsündedir.

Fakat yaşamımda *olmadığını bildiğim* bir şey için nasıl gerçekten şükran duyabilirim?

İstediğiniz şeye layık olduğunuzu yüreğinizden hissederek. Hardal tohumu kadar bile yürekten inandığınızda dağları devirebilirsiniz. Sormadan önce size yanıt vereceğimi size asırlar boyu söyledim. Her türlü yolla, her türlü öğretmenle size bunu anlattım.

Ama birçok insan dualarına bir karşılık alamadığını söylüyor.

Her duanız daima yanıtlanır yeter ki içinizde olanı netlikle hissedin. Hissediş duanıza aldığınız yanıttır.

Her dua -her düşünce, her olumlama, her duygu- yaratıcıdır. Ve gerçekliğini hissettiğiniz ölçüde yaşamınızda ifade bulur.

Bir duanın karşılığını alamadım denildiğinde, gerçekten olan şey, duanızın değil, duanızın arkasındaki -en yoğun tutulan- düşünce, sözcük ya da duygunun aktif hale gelmiş olmasıdır. Sır işte burada. Her düşüncenin arkasında bir başka düşünce vardır. Buna Tohum Düşünce de diyebilirsiniz. Kontrol Tohum Düşüncededir.

Bu nedenle yalvarıp pazarlık ettiğinizde, istediğinizi sandığınız düşüncenizin gerçekleşme şansı çok az gibi görünür. Çünkü her yalvarma duasının arkasındaki Tohum Düşünce, istediğiniz şeye şu anda sahip olmadığınızdır. Tohum düşünce sizin gerçeğinizdir. Yaşamınızda gerçekliğini sürdürdüğü için de 'dua'larınızın karşılığını almadığınızı sanırsınız.

Bu düşüncenin üstesinden gelebilecek tek Tohum Düşünce, yürekten inanılan ve gerçekleşmesinde hiçbir şüphenin olmadığı düşüncedir. Bazı insanlar böylesine bir inanca sahipler. Ama sayıları çok az.

Dua, talep duası değil teşekkür duası olduğunda onun gerçekleşmiş olduğunu baştan kabul ediyorsunuz demektir.

Dua, olanın bir tarifi olarak edildiğinde, Tanrı'nın hiçbir şey yapmadığını mı söylüyorsun? Yani duadan sonra gerçekleşen şey, yalnızca duanın aksiyonu mu?

Eğer Tanrı'nın tüm duaları işiten sınırsız bir güç olduğuna, bazılarına "evet", bazılarına "hayır", bazılarına da "belki, ama şimdi değil" dediğine inanıyorsanız yanılıyorsunuz. Hangi kıstasa göre Tanrı karar verecek?

Eğer Tanrı'nın hayatınızdaki her şeyin *yaratıcısı ve karar vericisi* olduğuna inanıyorsanız, yanılıyorsunuz.

Tanrı *gözlemcidir,* yaratıcı değil. Tanrı yaşamınızda her an size yardımcı olmaya hazırdır ama sizin beklediğiniz yollarla değil.

Yaşamınızdaki olayları ya da koşulları yaratmak veya ortadan kaldırmak Tanrı'nın fonksiyonlarından biri değildir. Tanrı sizi, Tanrı imajında ve benzerinde yarattı. Gerisini Tanrı'nın size verdiği güçle siz yarattınız. Tanrı yaşam sürecini ve yaşamın kendisini yarattı fakat size özgür seçim de verdi, ne yapmak istediğinizi seçme özgürlüğü size ait.

Bu anlamda, *kendiniz için istediğiniz, Tanrı'nın sizin için istediğidir.*

Hayatınızı kendi seçtiğiniz yolda yaşıyorsunuz ve benim bu konuda bir *tercihim* yoktur.

Bu konu sizin büyük illüzyonlarınızdan biri. Sizin yaşamınızın -şöyle ya da böyle- Tanrı'yı *ilgilendirdiğini* sanıyorsunuz.

Ne yaptığınız beni ilgilendirmiyor. Bunu anlamakta çok zorlanıyorsunuz. Çocuklarınızı oyun oynamaya gönderirken, onların ne oynayacağı sizi ilgilendiriyor mu? Körebe mi, saklambaç mı, evcilik mi oynayacakları sizin için önemli mi? Hayır değil, çünkü onların güvenli bir ortamda oynadıklarını biliyorsunuz.

Tabii ki, çocuklarınızın kendilerine zarar vermemelerini umut edersiniz. Eğer incinir ve yaralanırlarsa onların yardımına koşar ve yeniden güvende ve mutlu olmalarını sağlarsınız. Ama ertesi gün yine oyuna gittiklerinde körebe ya da saklambaç oynamayı seçmeleri yine umurunuzda olmayacaktır.

Onlara tabii ki hangi oyunların tehlikeli olduğunu söylersiniz. Ama çocuklarınızın tehlikeli oyunları oynamasını engelleyemezsiniz. Her zaman, sonsuza dek, şu andan ölene kadar her an onları denetleyemezsiniz. Bilge bir ebeveyn bunu bilir. Ama ebeveyn *sonuçla* ilgilenmekten asla vazgeçmez. İşte bu ikilem, -süreçle derinden ilgilenmemek ama sonuçla derin şekilde ilgilenmek- Tanrı ikilemini tarif etmeye en yakın olandır.

Tanrı, bir anlamda sonuçla bile ilgilenmez, nihai sonuçla. Çünkü nihai sonuç bellidir.

Bu da insanlığın ikinci illüzyonudur. Yaşamın sonucuna, Nihai sonuca duyduğunuz bu güvensizlikle en büyük düşmanınızı yarattınız: korku. Sonuçtan şüphe duyuyorsanız Tanrı'dan da şüphe duyuyorsunuz demektir. Tanrı'dan şüphe duyduğunuz için de yaşamınız korku ve suçluluk duygularıyla dolu.

Tanrı'nın amacından, Tanrı'nın Nihai Sonucu yaratma yeteneğinden şüphe duyuyorsanız nasıl huzurlu olabilirsiniz? Nasıl gerçek dinginliği yaşayabilirsiniz?

Tanrı'nın amaçları sonuçlarla eşleştirmekte *tam* gücü var. Bir taraftan Tanrı'nın sonsuz gücünden bahsederken, söylediklerinize inanmazsınız, inanamazsınız bile. Bu yüzden hayalinizde Tanrı'nın gücüne eşit bir başka güç yaratırsınız. Tanrı'nın iradesini saptırabilmeniz için bir çıkış yolu bulmak istersiniz. Böylece mitolojilerinizde "şeytan" dediğiniz varlığı yarattınız. Hatta bu varlıkla savaş halinde olan bir Tanrı'yı bile hayal ettiniz (Tanrı'nın sorunları kendiniz gibi çözdüğünü sanıyorsunuz). Bununla da kalmayarak Tanrı'nın bu savaşı kaybedebileceğini bile düşlediniz.

Tüm bunlar, Tanrı hakkında bildiğinizi söylediğiniz her şeyi tümüyle yadsıyor ama önemli değil, kendi illüzyonlarınızı yaşıyorsunuz, korkularınızı hissediyorsunuz çünkü Tanrı'dan şüphe etmek kararı vermişsiniz.

Peki, yeni bir karar verirseniz ne olur? O zaman sonuç ne olur?

Size söyleyeyim: Buda'nın yaşadığı gibi, İsa'nın yaşadığı gibi, yüceleştirdiğiniz tüm azizler gibi yaşıyor olacaktınız.

Ama, bu bilge kişilerin çoğunun deneyimlediği gibi, insanlar sizi anlamayacaktı. Huzurunuzu, yaşam sevincinizi, içsel doyumunuzu anlatmaya çalıştıkça sözlerinizi dinleyeceklerdi, ama işitmeyeceklerdi. Sözlerinizi tekrar etmeye çalışacaklardı ama ilaveler yaparak.

Onların bulamadıkları şeyin, nasıl sizde olabildiğine şaşacaklardı. Ve kıskanmaya başlayacaklardı. Daha sonra da kıskançlık öfkeye dönüşecek, kızgınlık içinde sizi, Tanrı'yı anlamayanın asıl siz olduğunuza ikna etmeye çabalayacaklardı.

Sahip olduğunuz dinginlik ve hazdan ayırmayı başaramadıklarında ise, size zarar vermeye çalışacaklardı. Öfkeleri böylesine büyümüş olacaktı. Ne yaparlarsa yapsınlar, ölümün bile hazzınızı engelleyemeyeceğini, gerçeğinizi değiştiremeyeceğini söylediğinizde, o zaman sizi *öldüreceklerdi.* Sonra da ölümü böylesine dinginlikle kabul ettiğinizi gördüklerinde, sizi aziz mertebesine yükseltecekler ve sizi yeniden sevmeye başlayacaklardı.

Çünkü insanlar sevdikleri şeyi yok etmeye, daha sonra da yok ettikleri şeyi yeniden sevmeye ve değer vermeye meraklıdırlar.

Ama neden? Niçin böyle yapıyoruz?

Tüm insan davranışları en derin boyutta iki duygudan biriyle motive edilir: korku ya da sevgi. Gerçekte yalnızca iki duygu vardır. Ruhun dili iki sözcükten ibarettir. Bu duygular evrenin ve dünyanızın ortaya çıkışında yarattığım polaritenin iki zıt ucudur.

Bunlar iki referans noktasıdır. Alfa ve Omega Sisteminin sizin deyişinizle 'izafi' olmasını sağlar. Bu iki nokta olmaksızın, hiçbir düşünce varolamazdı.

Her insan düşüncesi, her insan davranışı ya sevgiden ya korkudan kaynaklanır. Tüm diğer düşünce ve duygular bu iki temel duygunun değişik versiyonlarıdır. Aynı referans noktalarının değişik şekillerle ifade bulmasıdır.

Bunun üzerinde derin düşündüğünüzde, doğru olduğunu göreceksiniz. İşte Tohum Düşünce dediğim şey bu. Ya sevgi düşüncesi ya korku düşüncesi. Bu düşünceden biri düşüncenin arkasındaki düşüncenin *arkasında* olan düşüncedir. İlk düşünce. İlk temel güç. İnsan deneyim motorunu harekete geçiren ilk ham enerji.

İnsan davranışı işte bu şekilde tekrar tekrar aynı deneyimleri yaratıyor, işte bu nedenle insanlar seviyor, yok ediyor, tekrar seviyor. Sürekli sarkaç gibi bir duygudan diğerine gidip geliyorlar.

Sevgi korkuya, korku sevgiye, sevgi korkuya... dönüşüyor. Bunun nedeni ilk yalanda. Tanrı hakkında gerçek olarak bildiğiniz yalanda. Tanrı güvenilemez. Tanrı ya yoksa. Varsa da Tanrı'nın sevgisine güvenilemez. Tanrı sizi koşullu olarak sever. Bu nedenle de Nihai Sonuç şüphelidir. Eğer Tanrı'nın sevgisinin daima orada olduğuna güvenemezseniz, kimin sevgisine güvenebilirsiniz? Eğer Tanrı sizin davranışınızın uygun olup olmadığına bakarak sevgisini esirgiyorsa, zavallı ölümlüler de aynı şeyi yapmıyor mu?

Ve en yüce sevginiz adına ant içtiğiniz anda, en büyük korkularınıza da kapılarınızı açmış oluyorsunuz.

"Seni seviyorum" dedikten sonra ilk endişe duyduğunuz şey, karşılık alıp alamayacağınız. Eğer karşılık alırsanız, bu kez yeni bulduğunuz sevgiyi kaybedeceğiniz endişesini duymaya başlıyorsunuz. Ve tüm davranışlarınız reaksiyona dönüşüyor. Kaybetmemek için savaşma ve savunma. *Tanrı'yı kaybetmemek için bile kendinizi savunma yollarının arayışına giriyorsunuz.* Ve şeytanı yaratıyorsunuz.

Ama kim olduğunuzu bilseydiniz -Tanrı'nın yarattığı harikuladeliğinizi bilseydiniz- asla korkmazdınız. Böylesine bir harikuladeliği kim reddedebilir?

Tanrı bile böylesine harikulade bir varlıkta hata bulamaz.

Ama kim olduğunuzu bilmiyorsunuz. Olduğunuzdan çok daha az önemli ve değerli olduğunuzu düşünüyorsunuz. Bu düşünceleri nereden edindiniz? Sözlerine en çok güvendiğiniz kişilerden. Kendi anne ve babanızdan.

Bu insanlar, sizi en çok seven kişiler. Size neden yalan söylesinler ki? Ama sizin şu konuda aşırı, bu konuda yetersiz olduğunuzu söyleyen onlar değil mi? En mutlu anlarınızda coşkulu olduğunuz için sizi azarlayan, düş dünyanızı, "bırak bu saçmalıkları" diye aşağılayarak engellemeye çalışanlar onlar değil mi?

Bu mesajlarla büyüdünüz. İşittikleriniz Tanrı mesajları değildi ama bu mesajlar sizin dünyanızın Tanrı'larından geliyordu.

Sevginin koşullu olduğunu, size ebeveynleriniz öğretti. Onların sevgi koşullarını kaç kez hissettiniz. İşte bu deneyimleri, kendi sevgi ilişkilerinize taşıdınız.

Bana yaklaşımınızda da bu deneyimleri getirdiniz. Bu deneyimlerden çıkardığınız sonuçlara göre beni tanımlıyorsunuz. Böyle bir bakış açısıyla kendi gerçeğinizi ifade ediyorsunuz.

"Tanrı sevecendir" diyorsunuz, "ama O'nun kurallarını çiğnediğinizde, sonsuza dek sizi cezalandıracak ve lanetleyecektir."

Kendi anne babanız tarafından cezalandırılmadınız mı? Sizi dışlamalarının acısını yüreğinizde hissetmediniz mi? Bu deneyimlerle, benimle farklı bir deneyim yaşayacağınızı düşünmeniz ne mümkün?

Koşulsuz sevilmenin nasıl bir şey olduğunu unuttunuz. Tanrı'nın sevgisinin deneyimini hatırlamıyorsunuz bile. Dünyada sevgi adına gördüklerinize dayanarak Tanrı'nın sevgisinin nasıl olabileceğini hayalinizde bile canlandıramıyorsunuz.

Tanrı'nın da "ebeveyn" rolünü üstlenmesini bekliyorsunuz. İşte bu nedenle yargılayan, cezalandıran, ödüllendiren, davranışlarınıza göre size olan duyguları değişen bir Tanrı imajı yarattınız. Ama bu, kendi yarattığınız mitolojilerinize dayanan çocukça bir Tanrı imajı. Benimle hiçbir ilgisi yok.

Tanrı'yla ilgili düşünce sisteminizi spirütel gerçekler yerine insan deneyimlerinize göre yarattınız. Sevgi hakkındaki realitenizi de. Bu, korku temelli bir realite, korkutucu, intikamcı Tanrı fikrine dayanıyor. Tohum Düşünce yanlış ama bu düşünceyi sorgulamak bile tüm teoloji (din bilim) sisteminizi sarsmak için yeterli. Yeni bir teoloji sizin gerçek kurtuluşunuz olmasına rağmen kabul edemiyorsunuz. Çünkü korkmadığınız, yargılamayan ve cezalandırmayan Tanrı'yı hayallerinizde bile kucaklamaya zorlanıyorsunuz.

Korku temelli sevgi realiteniz deneyimlerinizi kontrol ediyor, hatta yaratıyor. Yalnızca size *verilen* sevgiyi koşullu olarak almakla kalmıyor, *verirken* de aynı şekilde davranıyorsunuz. Sevginizi koşullara bağlarken, sevginize sınır koyarken bile -aslında- bir parçanız bunun gerçek sevgi olmadığını biliyor. Ama, değiştirmek için de kendinizi güçsüz hissediyorsunuz. Kendinize şöyle diyorsunuz: "Az yaralanma yaşamadım. Nice acılar çektim. Bu kez de birinin bana acı çektirmesine izin verirsem lanet olsun!" Ama gerçek şu ki, asıl laneti izin vermezseniz yaşıyorsunuz. Sevgi hakkındaki (hatalı) düşünceleriniz yüzünden kendinizi sevgiyi saf haliyle yaşamamaya lanetliyorsunuz. Beni olduğum gibi bilmemeye lanetliyorsunuz. Ta ki beni bilene dek. Sonsuza dek beni yadsıyamayacaksınız. Yeniden buluşma anı gelecek.

İnsanların yalnızca ilişkilerindeki tutumları değil, tüm davranışları sevgiye ya da korkuya dayanıyor. Kararlarınız; iş, endüstri, politika, din, gençlerin eğitimi, ülkelerin sosyal kurumları, toplumunuzun ekonomik hedeflerini etkiliyor. Savaş, barış, saldırı, savunma, saldırganlık, boyun eğme, alma, verme, biriktirme, paylaşma, birleşme ya da bölünme... her türlü seçiminiz ya sevgi ya korku düşüncesinden kaynaklanıyor.

Korku; daraltan, kapayan, içe hapseden, kaçan, gizleyen, biriktirerek yığan, zarar veren enerjidir.

Sevgi; genişleten, açan, yayılan, kalan, açık olan, paylaşan, iyileştiren enerjidir.

Korku, bedenleri giysilerle sararak gizler, Sevgi çıplak olmaya izin verir; Korku sahip olduklarına sımsıkı yapışır, Sevgi sahip olduklarını paylaşır; Korku zorba yakınlık ister, Sevgi sevecen yakınlık; Korku sımsıkı sarar, bırakmak istemez, Sevgi özgür bırakır; Korku kurutur, Sevgi yumuşatır; Korku saldırır, Sevgi bağrına basar.

Her insan düşüncesi, sözü, davranışı bu duyguların birinden kaynaklanır. Bu konuda başka bir seçiminiz yok çünkü seçeceğiniz başka bir şey yok. Ama bu iki duygudan hangisini seçeceğiniz konusunda özgürsünüz.

Bunu çok kolaymış gibi söylüyorsun ama karar anında genellikle kazanan korku oluyor. Niye?

Korku içinde yaşamanız öğretildi. Güçlü olanın kazandığı, başarının en kurnaz olana ait olduğu, zaferin ancak güçlülerin tekelinde olduğu öğretildi size. En sevecen olanın kazandıkları hakkında ne öğrendiniz? Bir şekilde en güçlü, en zeki, en kurnaz olmaya çalışıyorsunuz. Ama herhangi bir durumda olamadığınızda, kaybetmekten korkuyorsunuz. Çünkü "en bilmem ne" olamamanın kaybetmekle eş anlamlı olduğu öğretildi size. Böylece korkunun düşüncelerini seçiyorsunuz. Çünkü öğrendiğiniz bu. Ama Ben size başka türlü öğretiyorum: sevgiden kaynaklanan düşünceleri seçtiğinizde yaşamı sürdürme çabasından daha öteye geçeceksiniz, kazanmaktan, başarmaktan daha öteyi gerçekleştireceksiniz. İşte o zaman, gerçekte kim olduğunuzun olağanüstü güzelliğini deneyimleyeceksiniz. İşte o zaman kim olduğunuzu bileceksiniz.

Bunu yapabilmek için o iyi niyetli ama bilgisiz dünya öğretmenlerinizin öğrettiklerini bir kenara itmeniz gerekiyor. Ancak o zaman bir başka kaynaktan gelen öğretilerin bilgeliğini işiteceksiniz.

Aranızda çok sayıda böyle öğretmenler var ve hep vardı. Sizleri, bu gerçekleri hatırlatan, yol gösteren, öğreten rehberlerden asla mahrum etmeyeceğim. Buna rağmen size rehberlik edecek en iyi öğretmen dışınızdan biri değil, o içinizdeki sestir. Bu benim kullanmayı seçtiğim ilk araç çünkü en doğrudan olandır.

İçinizdeki ses, konuştuğum en yüksek sestir. Çünkü size en yakın olan o. Bu ses kendi anlayış düzeyinize göre neyin doğru-yanlış, iyi-kötü, yalan-gerçek olduğunu daima size söylüyor. O sizin yol göstericiniz, gemiyi yönlendiren, yolculuğunuza rehberlik eden radarınız. Tabii eğer izin verirseniz.

Şu anda okuduğunuz bu sözlerin sevgi sözleri mi, korku sözleri mi olduğunu size söyleyecek olan yine o sestir. Bu sesle okuduklarınızı benimsemeye ya da boş vermeye karar verin.

•

Daima sevginin desteklediği davranışları seçersem, kim olduğumun ve kim olabileceğimin harikulade deneyimini yaşayacağımı söyledin. Lütfen, bunu biraz daha açar mısın?

Yaşamın, tüm yaşamın tek bir amacı var. Senin ve tüm yaşamın en dolu ve doyumlu olarak kendisini ifade etmesi.

Söylediğin, düşündüğün, yaptığın her şey bu amaca yönelik. Ruhunun yapması gereken başka bir şey yok. Ruhun yapmak istediği başka bir şey yok.

Bu amacın en büyüleyici yönü, asla sonu olmaması. Son, sınırlılıktır ve Tanrı'nın amacında bir sınır olamaz. En yüksek doyumu, vecd halini yaşadığın anda bile, o anda daha yüksek bir doyumu, daha aşkın bir deneyimi düşleyeceksin. Daha çok kendin olduğunda, daha çok olma kapıların açılacak, daha çok olduğunda, daha erişeceğin ne "olmak"lar seni bekliyor.

Yaşamın en derin sırrı; yaşamı keşfetme süreci değil, yaratma sürecidir.

Kendinizi keşfetmiyorsunuz, kendinizi yeniden yaratıyorsunuz. Bu yüzden kim olduğunun arayışı yerine, kim olmak istediğini bilmenin arayışına gir.

Bazıları yaşamın bir okul olduğunu söylüyor. Burada bazı dersleri öğrenmek için varmışız. Okuldan "mezun" olduğumuzda ise, daha büyük amaçlara doğru, artık bedenle kısıtlanmadan ilerleyeceğimiz söyleniyor. Bu doğru mu?

Bu mitolojinizin, insan deneyimine dayanan bir başka kısmı.

Hayat bir okul değil mi?

Hayır.

Burada dersleri öğrenmek için bulunmuyor muyuz?

Hayır

Öyleyse neden buradayız?

Kim olduğunuzu hatırlamak ve yeniden yaratmak için. Size bunu defalarca söyledim. Bana inanmıyorsunuz. Ama bu da önemli değil. Gerçekten, kim olduğunuzu *yaratmazsanız,* olamazsınız.

Pekala. Ama bir dakika. Şu okul işine dönelim. Birçok öğretmenden yaşamın bir okul olduğunu defalarca işittim. Gerçekten verdiğin yanıta şaşırdım. Hatta şok oldum. Okul, bilmek isteyip de bilmediğin bir şeyi öğrenmek için gidilen yerdir. Zaten bildiğin bir şeyi deneyimlemek için gidilen bir yer değildir.

Yaşam (sizin deyiminizle), *kavramsal* olarak bildiklerinizi *deneysel olarak* bilmeniz için bir olanaktır. Bildiklerinizi hatırlamanız ve uygulamanız yeterlidir.

Bunu pek anladığıma emin değilim.

Peki. Ruh -sizin ruhunuz- her şeyi her zaman biliyor. Gizlenen ya da bilinmeyen bir şey yoktur. Ama bilmek yeterli değil. Ruh, bildiklerini *deneyimlemek* ister.

Kendinizin cömert olduğunuzu bilebilirsiniz ama cömertliğinizi gösteren bir davranışta bulunmadıkça cömertliğiniz sadece bir kavram olarak kalır. Kendinizin sevecen olduğunuzu bilirsiniz. Ama birisine sevecen davranmadıkça, elinizde, kendiniz hakkında bir düşünceden başka şey yoktur.

Ruhunuzun tek arzusu kendisi hakkındaki en büyük *kavramı* en büyük *deneyime* dönüştürmektir. Kavram, deneyim olana kadar yalnızca spekülasyondur. Kendim hakkında uzun zamandır spekülasyon yapıyorum: senin ve benim bir arada kolektif hatırlamamızdan daha uzun bir zamandır. Evrenin yaşının karesi olan evren yaşından daha uzun bir zamandır.

Görüyorsun benim kendimi deneyimlemem ne kadar genç, ne kadar yeni.

Yine beni şaşırttın. Kendini mi deneyimliyorsun?

Evet. Sana basit bir şekilde açıklayacağım. Önce yalnızca "olan" vardı ve başka bir şey yoktu. Ama "olan" kendini bilemiyordu. Çünkü sadece "olan" olduğu için, başka bir şey olamıyordu. Ve bu yüzden "olan"... "olan" olamıyordu. Bir başka şeyin yokluğunda "olan" da olamaz çünkü "olan"ı bilemez.

Bu mistiklerin zamanın başlangıcından önceki büyük olan/olmayan halinin tanımı.

Şimdi "olan" her şeyin yalnızca "olan" olduğunu biliyordu. Ama bu yeterli değildi. Çünkü "olan" olduğunu sadece *kavram* olarak biliyordu, *deneyim* olarak değil. Arzu ettiği, hasretini çektiği şey kendini deneyimlemekti. Böylesine harikulade sınırsızlığın, her şey olmanın deneyimini hissetmek istiyordu. Ama bu yine de imkansızdı. Çünkü "harikuladelik" göreceli bir kavramdır. "Olan" harikuladeliği ancak harikulade olmayanın varoluşuyla hissederek bilebilirdi. Olmayanın yokluğunda "olan" da "olan" olamaz. Bunu anlayabiliyor musun?

Sanırım, devam et.

"Olan"ın bildiği tek şey başka bir şeyin olmadığıydı. Bu yüzden kendisini asla kendisinin dışında bir referans noktasından bilemezdi. Böyle bir nokta mevcut değildi. Yalnızca bir referans noktası vardı. O da içindeki tek nokta: "olmayan olandır." Olanım-olmayanım.

"Her şey olan" kendisini deneyimsel olarak bilmeyi seçti.

Bu enerji, bu saf, görünmeyen, işitilmeyen, gözlemlenmeyen ve bu yüzden kimse tarafından bilinmeyen enerji, kendisinin harikuladeliğinin sınırsızlığını bilmek istedi. Bunu gerçekleştirebilmek için *içindeki* referans noktasını kullanmak durumunda olduğunun farkına vardı. Çok doğru olarak kendinin herhangi bir parçasının bütünden daha az olması gerektiğinin bilincine vardı. Böylece kendisini parçalara *ayırdı*. Her parça bütünden daha az olduğu için, kendisinin geride kalanına bakarak harikuladeliği görebilirdi.

Böylece "olan" kendisini böldü. Harikulade bir anda O, *bu* ve *şu* oldu. İlk kez birbirinden farklı olarak bu ve şu varoluyordu. Ama aynı zamanda ikisi de aynı anda vardı. Bu ve Şu'nun yanı sıra aynı anda mevcut olan üçüncü şey de Bu ve Şu olmayan "olan"dı. Birdenbire üç element varolmuştu: Burada; şurada; ne şurada ne burada olan. Çünkü şuranın ve buranın olması için Olmanın varolması gerekiyordu.

Hiçbir şey her şeyi bir arada tutar. Uzaysızlık uzayı bir arada tutar. Bütün parçaları bir arada tutar. Bunu anlayabiliyor musun?

Gerçekten anladığımı düşünüyorum ister inan ister inanma. Öylesine net bir şekilde açıkladın ki gerçekten anladığımı düşünüyorum.

Şimdi bu *her şeyi* bir arada tutan *hiçbir şeye* bazıları Tanrı diyor. Ama bu da doğru değil. Çünkü bu bazı şeylerin Tanrı olmadığını ima ediyor. Hiçbir şey olmayan her şey Tanrı olamaz anlamına geliyor. Ama ben her şey ve hiçbir şey olanım. Görülen ve görülmeyen. Benim büyük görülmeyen -hiç-bir şey ya da ikisinin arası olarak yapılan tanımlanmam Doğu mistisizminin temelini oluşturuyor. Batı ise görülen her şeyi Tanrı olarak kabul ediyor. Her iki tanımlama da yetersiz. Tanrı'nın her şey ve hiçbir şey olduğunun kavrayışına sahip olanlar ise isabetliler.

Şimdi "burada" ve "orada" yı yaratarak Tanrı kendisini bilmesini olanaklı kıldı. İçindeki bu büyük patlama anında Tanrı "göreceliği" yarattı. Görecelik Tanrı'nın kendisine verdiği en büyük armağandı. Görecelik ancak ilişki içinde varolabilir. Tekliğin göreceliği olamaz. Bu nedenle, Tanrı'nın size verdiği en büyük armağan da *ilişki* dir. Bu konuyu daha sonra derinlemesine konuşacağız. Her şeyin hiçbir şeyden çıktığı bu spiritüel olaya bilim insanlarınız "Big Bang" (teorisi) diyor.

Elementlerin her yere yayılmasıyla *zaman* yaratıldı. Bir şey önce *buradaydı*, sonra *oradaydı*. Buradan oraya gitmek için geçen periyot ölçülebilirlik kazanmıştı.

Olan'ın görünen parçaları kendilerini birbirlerine göre "görece"li olarak tanımlamaya başlarken, görünmeyen de aynı tanımlamayı yapmaya başladı.

Tanrı, sevginin varolduğunu -ve kendisini saf sevgi olarak- bilmek için tam zıddının da varolması gerektiğini biliyordu. Böylece Tanrı büyük polariteyi yarattı. Sevginin mutlak zıddına -sevginin olmadığı her şeye- şimdi korku deniliyor. Korkunun varolduğu anda, sevgi deneyimlenecek bir şey olarak varolabilir. Sevgi ve zıddının dual yaratılışına insanlar mitolojilerinde değişik adlar verdiler: Şeytan'ın doğuşu, Adem'in cennetten kovuluşu, Satan'ın mücadelesi vb.

Saf sevgiye, Tanrı diye bir karakter yaratarak kimlik oluşturduğunuz gibi korku için de Şeytan dediğiniz bir karakter yarattınız.

Bazılarınız bu olay hakkında kocaman mitolojiler geliştirdiniz. Melek ve şeytan, iyi ve kötü, karanlık ve aydınlık güçler arasında geçen mücadele ve savaş senaryolarını da ihmal etmediniz.

Bu mitoloji insanlığın ilk anlama çabası ve başkalarına anlayabilecekleri şekilde anlatma ihtiyacının ürünüydü. *İnsan ruhu bu kozmik olayın derinden farkında ama aklı kavramakta zorlanıyor.*

Tanrı, evreni saf enerjiden kendisini bölerek yarattı -görüneni de görünmeyeni de. Bir başka deyişle yalnızca fiziksel evren değil metafiziksel evren de yaratıldı. Olan/olmayan Tanrı'nın bir parçası da bütünden çok daha küçük sonsuz sayıda üniteler olarak patladı. Bu enerji birimlerine spirit diyorsunuz.

Bazı dinsel mitolojilerinizde "Tanrı Baba"nın birçok spirit çocukları olduğu anlatılıyor. Beni bölmemim yüce amacı, kendimin parçalarını yaratarak, kendimi deneyimsel olarak bilmekti. Yaratıcının kendisinin yaratıcı olduğunu deneyimsel olarak bilmesi için yaratması gerekir. Bu nedenle sonsuz sayıdaki parçalarıma (spirit çocuklarıma) da bütünde olan yaratma gücünün aynısını verdim.

Dinleriniz, "Tanrı'nın imajında ve benzerliğinde yaratıldınız" derken işte bunu kastediyor. Bazılarının iddia ettiği gibi fiziksel nedenlerin benzerliği anlamına gelmiyor (belirli bir amaç için Tanrı'nın istediği fiziksel formu alabilmesine rağmen) özümüzün aynı olduğu anlamına geliyor. Aynı "madde"den oluştuk. *Aynı maddeyiz.* Boşluktan fiziksel realite yaratma yeteneği de dahil olmak üzere aynı özelliklere ve yeteneklere sahibiz.

Benim amacım sizin kendinizi Ben olarak bilmeniz. Bunu anlamanız kolay. Ama kendinizi Ben olarak bilmeniz için önce kendinizi Ben olarak bilmemeniz gerekiyor. Bu ise açıklamayı gerektiriyor. Hazır mısın?

Sanıyorum.

İyi. Hatırladın mı? Bunun açıklamasını istemiştin. Yıllarca da yanıtı beklemiştin. Teolojik doktrinlerle ya da bilimsel teorilerle değil, sade bir dille sorunu sormuştun.

Evet. Ne sorduğumu biliyorum.

Sorduğun için yanıtını alacaksın.

Kolay anlaşılabilir olması için, sizin Tanrı'nın çocukları mitoloji modelinizi kullanacağım. Çünkü bu, hem hepinizin anlayabildiği, hem de gerçeklerden çok fazla uzak olmayan bir model.

Kendini bilme sürecinin nasıl işlediği konusuna geri dönelim.

Tüm spiritüel çocuklarıma kendilerini Ben'im parçalarım olarak bilmelerini söyleyebilirdim. Söyledim de. Ama bu spirit için yeterli değildi. Kendisini Tanrı olarak, Tanrı'nın parçası olarak ya da Tanrı'nın çocukları olarak bilmesi yetmiyordu. Daha önce açıkladığım gibi bir şeyi bilmekle deneyimlemek iki farklı şeydir. Spirit kendisini deneysel olarak bilmenin arzusu içindeydi. (Tıpkı benim gibi.)

Kavramsal farkındalık sizler için yeterli değildi. Ve bir plan yaptım: Bu evrendeki en olağanüstü fikir ve en harikulade işbirliği. İşbirliği diyorum *çünkü hepiniz benimle birlikte bu planın içindesiniz.*

Plan gereği, saf spirit olan sizler yeni yaratılmış fiziksel evrene girecektiniz. Çünkü *fiziksellik*, kavramsal olarak bildiklerinizi deneysel olarak bilmenin tek yoludur. Zaten fiziksel evreni ve görecelik sistemini yaratmanın nedeni de bu.

Fiziksel evrende siz, benim spirit çocuklarım, kendinizi bilmeyi deneyimleyecektiniz. Ama önce zıddını bilmek durumundaydınız. Bunu daha basitçe açıklamak için, kendinizin ne kadar uzun olduğunuzu kısanın farkında olmadan bilemezsiniz. Zayıfı bilmeden şişmanı bilemezsiniz.

Mantıksal olarak ne *olmadığınızı* bilmeden ne olduğunuzu bilemezsiniz. Görecelik teorisinin ve tüm fiziksel yaşamın amacı da bu. Olmadığınızı bildiğiniz şeylerle ne olduğunuzu tanımlayabilirsiniz.

En geniş bilmek -kendinizi yaratıcı olarak bilmek- için ancak yaratarak kendinizi yaratıcı olarak bilebilirsiniz. Ve kendinizi yok etmeyi bilene kadar kendinizi yaratamazsınız. Bir anlamda olmak için önce "olmamalısınız." Takip edebiliyor musun?

Galiba...

İyi. Dinle!

Tabii kim ve ne olduğunuzu olmamanız sizin için olanaksızdı. Çünkü daima saf, yaratıcı spirit olduğunuzu ve daima olacağınızı biliyordunuz. Bu yüzden en uygun şeyi yaptınız. *Gerçekten kim olduğunuzu unutmayı seçtiniz.* Fiziksel evrene girdiğinizde *kendinizi hatırlamaktan vazgeçtiniz.* Bu size kim olduğunuzu seçme olanağı verdi.

Tanrı'nın bir parçası olduğunuzun size söylenmesi yerine bunu seçerek bilmek istediniz. Seçmeyi de deneyimlemek istiyordunuz. Ama seçimin olamayacağı bir noktada bir şeyi nasıl seçebilirsiniz? Ne kadar uğraşırsanız uğraşın, Ben'im çocuğum *olmadığınızı* olamazsınız... Ama *unutabilirsiniz.*

Daima *yüce bir bütünün yüce bir parçası* oldunuz ve daima olacaksınız. Bu yüzden Bütün'e yeniden dönüşe, Tanrı'ya dönüşe *hatırlamak* diyorsunuz. Çünkü gerçekten kim olduğunuzu hatırlamayı seçtiniz.

Dünyadaki göreviniz işte bu nedenle *öğrenmek* değil (çünkü zaten *biliyorsunuz) hatırlamaktır*. Başkalarının da kim olduğunu yeniden hatırlamaktır. Bu yüzden görevin büyük bölümü başkalarına da kim olduklarını hatırlatmaktır, ki onlar da hatırlayabilsinler.

Birçok harika spiritüel öğretmenleriniz işte bunu yapıyor.

Tanrım, bu çok basit ve çok... simetrik. Yani her şey yerli yerine *oturuyor*. Birdenbire oturuyor! Şimdi daha önce parçalarını bir türlü bir araya getiremediğim resmi görebiliyorum!

İyi. Çok iyi. Bu diyaloğun amacı da bu zaten. Bana sorular sordun. Sana yanıtlayacağıma söz vermiştim. *Bu diyaloğu kitap haline getireceksin. Ve sözlerim birçok insana ulaşmış olacak. Bu da görevinin bir parçası.*

Yaşam hakkında soruların var. Şu ana kadar temeli oluşturduk, daha sonra paylaşacaklarımızın yerli yerine oturması için.

Diğer sorulara geçelim. Ve endişelenme. Anlayamadığın bir şey olsa da daha sonra anlamış olacaksın.

Sormak istediğim o kadar çok şey var ki. Birçok soru. Ama galiba en büyükleriyle, en açıkça görülenlerle başlamam uygun olacak. Örneğin; neden dünya bu halde?

İnsanlardan gelen soruların içinde en çok sorulan bu oluyor. Zamanın başlangıcından beri insanlar bu soruyu sordu. İlk andan itibaren bilmek istediniz: *neden bu durumdayız?*

Sorunun klasik soruluş biçimi genellikle şöyle oluyor: Eğer Tanrı en mükemmel ve en sevecen ise, neden dünyada açlığı, savaşı, hastalığı, depremleri, kasırga ve fırtınaları, tüm doğal afetleri yaratıyor? Neden derin bireysel hayal kırıklıkları, acılar, felaketler ve yoksulluklar yaratıyor?

Bu sorunun yanıtı, evrenin derin gizeminde ve yaşamın en yüksek anlamında yatıyor. Ben iyiliğimi sadece sizin mükemmellik diye nitelendirdiklerinizi yaratarak göstermem. Ben sevgimi, sizin kendi sevginizi göstermenize izin vermeden göstermem.

Daha önce de açıkladığım gibi, sevecen olmamayı ifade etmeden sevecenliği ifade edemezsiniz. Hiçbir şey zıttı olmadan varolamaz. Mutlak boyutunun haricinde. Ama mutlak boyutu ne sizin ne benim için yeterliydi. Her zaman mutlakta varım. Siz de oradan geldiniz. Mutlakta deneyim yoktur, yalnızca bilmek vardır. Bilmek, yüce bir boyuttur. Ama en büyük haz, olmak'tadır. Olmak'a ancak deneyimden sonra ulaşılabilir. Evrim şöyle gidiyor: Bilmek, deneyimlemek, olmak. Bu Tanrı üçlemesidir.

Tanrı Baba olarak *bilendir*. Tüm anlayışın kaynağı, tüm deneyimlerin yaratıcısıdır. Çünkü bilmediğiniz şeyi deneyimleyemezsiniz.

Tanrı Evlat olarak *deneyimleyendir*. Fiziksel alemde deneyimlenen her şey Tanrı'nın kendisini bilmesi içindir. Çünkü deneyimlemediğiniz şeyi olamazsınız.

Tanrı Kutsal Ruh olarak *olandır*. Kutsal Ruh, bilmenin deneyimlenmesinin belleğidir. Babanın bilgisini fiziksel alemde evlat olarak deneyimler ve kayda geçirir.

Saf oluş, kendini bilmek ve deneyimlemekten sonraki Tanrı boyutudur. Tanrı'nın başlangıçtaki arzusunun oluş halidir.

Tanrı'nın baba-oğul ya da daha eski metinlerdeki ana-kız olarak metaforik tariflerinin cinsiyetle bir ilgisi yoktur. Zihninizde bu ilişkiyi ebeveyn-evlat olarak canlandırıyorsunuz.

Ya da bu ilişkiye, oluşturan ve oluşan diyebiliriz. Ama bu ilişkinin ortaya çıkması için üçüncü bir şey gereklidir. Tanrı üçlemesini şöyle de ifade edebiliriz: Oluşturan-oluşan-olan.

Üçleme Tanrı'nın imzasıdır. Fizik ya da metafizik her şeyde üçlü model vardır. Bu üçlemeden, zaman ve mekan, Tanrı ve bilinç ya da tüm diğer ilişkilerde kaçamazsınız. Ama yaşamın kaba ilişkilerinde bu üçleme gerçeğini bulamazsınız. Üçleme gerçeği, yaşamın ince ilişkileriyle ilgilenen herkes tarafından bilinir. Bazı dinleriniz bunu baba-oğul-kutsal ruh olarak tanımladı. Bazı psikiyatrlarınız süper bilinç-bilinç-bilinçaltı terimlerini kullanıyor. Bazı spirütüalistleriniz zihin-beden-ruh diyor. Bazı bilim insanlarınız enerji-madde-ether olarak görüyor. Bazı filozoflarınız bir şeyin düşüncede, sözde ve davranışta doğru olmadıkça doğru olmayacağını söylüyor. Zamandan bahsettiğinizde üç zamana atıfta bulunuyorsunuz: Geçmiş-an-gelecek. Aynı şekilde algılamanızda üç an var: önce-şimdi-sonra. Uzaysal ilişkilerde ister evrenin, ister odanızın içindeki şeylerin konumundan söz edin, burada-orada-arada bir yerde diye tanımlıyorsunuz.

Kaba ilişkilerde ise ara yerlerde olanı kabul etmiyorsunuz. Çünkü kaba ilişkiler daima ikili oluyor. Sol-sağ, yukarı-aşağı, büyük-küçük, hızlı-yavaş, sıcak-soğuk ve en büyük ikili; kadın-erkek. Bu ikililerde aralar olmuyor. Bir şey ya iyi ya kötü oluyor.

Kaba ilişkiler boyutunda *zıttı* olmayan bir kavram varolamıyor. Siyah-beyaz (kaba) bir yaşamda ara tonlara izin verilmediği için çoğu günlük deneyimleriniz bu realite üzerine kuruluyor.

Yüksek ilişkiler boyutunda ise zıttı olan hiçbir şey mevcut değildir. Her şey birdir, her şey sonu olmayan bir daire içinde birbirinden gelişir.

Zaman, yüksek ilişki boyutlarından biridir. Sizin geçmiş, an, gelecek dediğiniz karşılıklı ilişki olarak vardır. Birbirlerinin zıttı değillerdir; aynı bütünün parçalarıdır, aynı fikrin gelişim halleridir, aynı enerjinin devirleridir; aynı değişmez gerçeğin boyutlarıdır. Bu anlatılanlardan geçmiş, an ve geleceğin aynı "zamanda" mevcut olduğu sonucunu çıkarıyorsanız haklısınız. (Ama şimdi bunu irdeleyecek zaman değil. Zaman kavramını araştırdığımızda konuya daha detaylı gireceğiz.)

Dünya neden böyle? Kaba fizik boyutunda varolması için başka türlüsü olamaz. Deprem, fırtına, sel, kasırga gibi doğal felaketler dediğimiz şey, elementlerin bir polariteden diğerine doğru olan hareketleridir. Doğum-ölüm devresi de bu hareketin bir parçasıdır. Bunlar yaşamın ritmidir, kaba realitede her şey bu hareketlere tabidir. Çünkü yaşamın KENDİSİ bir RİTM'dir.

HER ŞEY OLAN'ın ritmik dalgaları, titreşimleri Öz'ün kalp atışıdır.

Hastalık sağlığın zıddıdır. Realitenizdeki varoluşları sizin isteğinizle olmuştur. Bir boyutunuzda nedeninizi yaratmaksızın hasta olamazsınız. Bir anda, yalnızca iyi olmaya karar vererek iyileşmek de kendi elinizde. Derin hayal kırıklıklarınızı da ve verdiğiniz tepkileri de siz seçiyorsunuz.

Dünyada yaşanan tüm olumsuzluklar, felaketler de toplumsal bilincinizin sonuçlarıdır. Bu olayların nedeninin benim iradem ve arzum olduğunu sanıyorsunuz. Oysa ben sadece gözlemciyim. Olayları engellemek için de hiçbir şey yapmam. Çünkü o zaman sizin özgür iradenize müdahale etmiş olurum. Böyle bir müdahale sizin tanrısal deneyiminizi engellemek demektir. Oysa tanrısallığınızı siz ve ben birlikte seçmiştik.

Bu yüzden dünyada kötü olarak algıladığınız hiçbir şeyi lanetlemeyin. Lanetlemek yerine kendinize şu soruyu sorun: "Neyi kötü olarak yargılıyorum? Ve eğer değiştirmek istediğim bir şey varsa bunun için ne yapıyorum"

İçinize sorun: "Kendimin hangi parçası bu felaketten deneyim kazanmak istiyor? Varlığımın hangi boyutu bu deneyimi kazanmak için felaketi kendisine çekti?"

Yaşamınızın her anının yaratıcısı sizsiniz. Tüm olaylar kim olduğunuza karar vermek ve olmak için yarattığınız olanaklardır.

Bu her ruh için geçerlidir. Evrende kurban yoktur, yalnızca yaratıcılar vardır. Bu gezegende yaşamış tüm üstatlar bu gerçeği biliyordu. Bu nedenle hangi üstadın ismini telaffuz ederseniz edin hiçbiri kendisini kurban olarak görmemişti. Birçoğu sözcüğün tam anlamıyla kurban edilmiş olsa bile. Her ruh bir üstattır. Çoğu özünü ya da kaynağını henüz hatırlamıyor olsa bile. Ama her ruh kendi yüksek amacı doğrultusunda, kendi en hızlı hatırlama yolunu, kendi olaylarını ve koşullarını yaratıyor -şimdi denilen her anda.

Bu nedenle bir başkasının seçtiği yolu yargılama. Başarıyı kıskanma, başarısızlığa acıma. Çünkü ruhun kayıtlarındaki başarının ve başarısızlığın ne olduğunu bilemezsin.

Binlerce kişinin yaşamını kurtaran bir ölüm felaket midir? Çevresindekilere acıdan başka bir şey vermeyen "başarılı" bir insanın hayatı zevkli bir yaşam mıdır? Buna rağmen yargılama, olaylardan öğren ama her varlığın kendi yolunu çizmesine izin ver.

Bu, yardım çağrısını duymazdan gelmek ya da bazı koşulları ve olayları değiştirmek için kendi ruhunun dürtülerine kulak vermemek anlamına gelmiyor. Ne yaparsan yap, etiket koymaktan ve yargılamaktan kaçınmak anlamına geliyor. Her olay bir armağandır ve her deneyimde bir hazine gizlidir.

Bir zamanlar kendisinin ışık olduğunu bilen bir ruh vardı. Yeni bir ruhtu ve deneyimlere açlık duyuyordu. "Ben ışığım" diyordu. "Ben ışığım" ama ışık olduğunu bilmesi ve söylemesi deneyimin yerini tutmuyordu. Ruhun çıktığı kaynakta yalnızca ışık vardı. HER ruh yüceydi, her ruh harikuladeydi ve her ruh benim ışığımın göz kamaştırıcılığıyla parlıyordu. Bahsettiğim minik ışık güneşte bir mum gibiydi. Kendisinin de parçası olduğu Büyük Işığın ortasında kendisini göremiyor Kim ve Ne olduğunu deneyimleyemiyordu.

Minik ruh kendisini bilme arzusuyla yanıp tutuşuyordu. Arzusu öylesine büyüktü ki, bir gün ona, "minik ruh, bu arzunu gerçekleştirmek için ne yapman gerektiğini biliyor musun?" dedim.

"Oh, ne yapmam gerekiyor Tanrım? Ne? *Her şey* yapmaya hazırım!" dedi küçük ruh.

"Kendini bizden ayırmalısın ve kendine karanlığı çağırmalısın" dedim.

"Karanlık nedir?" diye sordu minik ruh.

"Sen olmayan" dedim ve ruh anladı.

Ve ruh kendini bütünden ayırdı. Bir başka boyuta geçti. Bu boyutta ruhun kendi deneyimi için her türlü karanlığı çağırma gücü vardı.

Ruh karanlığı çağırdı ama karanlığın tam ortasında haykırmaya başladı: "Tanrım, Tanrım beni niye unuttun?"

Oysa ben sizi asla unutmadım. Daima yanınızda oldum. Her an size gerçekten kim olduğunuzu hatırlatmaya hazırım; daima sizi eve çağırmaya hazırım.

Bu nedenle karanlığa ışık olun, karanlığı lanetlemeyin. Siz olmayan şeyle çepeçevre kuşatılmışken kim olduğunuzu unutmayın.

Değiştirmek isterken bile yaratıcılığınızı taktir edin. En zorlu anlarda yaptığınız seçimlerin en büyük zaferleriniz olacağını bilin. Yarattığınız deneyimler kim olduğunuzun ve kim olmak istediğinizin göstergesidir.

Sana bu minik ruh ve güneş hikayesini dünyanın durumunu daha kolaylıkla anlayabilmen için anlattım; herkes kendi en yüce, en yüksek gerçeğini hatırladığında dünyanın durumunun nasıl bir anda değişeceğini de anlayabilmen için.

Bazılarınız dünyanın bir okul olduğunu, yaşamınızda gözlemlediğiniz ve deneyimlediğiniz şeylerin de öğrenmeniz için gerekli olduğunu söylüyor, Bundan daha önce de bahsetmiştim ve yine söylüyorum:

Bu hayata bir şey öğrenmek için gelmediniz. Zaten bildiğiniz şeyleri uygulamak için buradasınız. Bu uygulamada pratik kazanıyor, deneyimlerinizle kendinizi yeniden yaratıyorsunuz. Böylece yaşamı rasyonelleştiriyor ve ona bir anlam veriyorsunuz. Böylece yaşamı kutsallaştırıyorsunuz.

Başımıza gelen kötü şeylerin kendi seçimimiz olduğunu mu söylüyorsun? Dünyadaki tüm felaketlerin, kötülüklerin bir boyutta kendimiz tarafından yaratıldığını ve bunu "kim olduğumuzun zıddını denemek için" yarattığımızı mı söylüyorsun? Bu nedenle bile olsa kendimizi deneyimlemek için yarattığımız koşulların -kendimiz ve başkaları için- daha az acı veren bir yolu yok mu? Böylesine acı çekmek niye?

Birçok soruyu bir arada sordun, hepsi de iyi sorular. Tek tek ele alalım.

Hayır, kötü diye nitelendirdiğiniz başınıza gelen her şey sizin seçiminiz değil. Bilinçli olarak değil. Ama hepsi kendi *-yarattığınız-* eserleriniz.

Daima yaratma *sürecindesiniz.* Her an, her saniye, her dakika, her gün. *Nasıl* yarattığınız konusuna daha sonra gireceğiz. Şimdilik yalnızca sözüme güven. Devasa bir yaratıcı makinesiniz. Sözcüğün tam anlamıyla, düşünce hızınız ölçüsünde yeniyi yaratıyorsunuz.

Olaylar, koşullar, durumlar; hepsi bilinç ile yaratılıyor. Bireysel bilinç yeterince güçlü. İki ya da daha *fazlanız* benim adımla bir araya geldiğinizde nasıl bir yaratıcı enerjinin özgürleştiğini tahmin etmeye çalışın. Ya *toplumsal* bilinciniz? Bu öylesine güçlü ki, yalnızca dünyasal önem taşıyan olaylar ve koşullarla sınırlı değil, gezegenler arası sonuçlar yaratacak kadar güçlü.

Senin *kastettiğin* şekilde, bu sonuçları *senin seçtiğini* söylemiyorum. Tıpkı bunların benim seçimlerim olmadığı gibi. Benim gibi sen de gözlemliyorsun. Ve *olan bitenlere* göre kim olduğuna karar veriyorsun. Buna rağmen dünyada kurbanlar da, kötü insanlar da yok. Ve sen de başkalarının seçimlerinin kurbanı değilsin.

Bir boyutta *hepiniz,* karşı çıktığınızı söylediğiniz şeyleri birlikte yarattınız ve yarattığınız için de siz *seçtiniz.*

Bu gelişkin boyuttaki düşünceye tüm üstatlar eninde sonunda ulaşıyor. Ancak o zaman *her şeyin* sorumluluğunu kabul edebilir, ancak o zaman *bazı* şeyleri değiştirebilme gücüne erişebilirsiniz.

Sizin dışınızda bir şeyin ya da birilerinin size bir şeyler "yaptığı" fikrini taşıdığınız sürece bir şeyler yapabilme gücünüzden de kendinizi mahrum edersiniz. Ancak "ben yaptım" dediğinizde değiştirme gücünü kendinizde bulabilirsiniz.

Kendi yaptıklarınızı değiştirmek, başkalarının yaptıklarını değiştirmekten çok daha kolaydır.

Bir şeyi değiştirmek için ilk adım, onun olmasını sizin seçtiğinizi kabul etmektir.

Bunu bireysel boyutta kabul edemeseniz de, Hepinizin Bir Olduğu anlayışıyla kabul edin. O noktada değişim yaratma isteğini duyacaksınız. O şey yanlış olduğu için değil, artık kim olduğunuzun uygun bir göstergesi olmadığı için.

Herhangi bir şey yapmak için tek bir neden vardır: Evrene kim olduğunuzu göstermek. Bu yolla kullanıldığında, yaşam Öz-Yaratıcı haline gelir. Hayatı, kim olduğunuza uygun olan yaratıcılıkla ifade eder, kendinizi *Daima Olmak İstediğiniz*'e dönüştürürsünüz.

Bir şeyi yapmamak için de tek bir neden vardır: çünkü artık Olmak İstediğinizin göstergesi değildir. Sizi artık yansıtmıyordur. Sizi artık temsil etmiyordur.

Kendinizi olduğunuz gibi yansıtmayı arzu ediyorsanız, sonsuzluğa yansıtmak istediğiniz resminize uymayan şeyleri yaşamınızda değiştirmek için çalışmalısınız.

Geniş anlamıyla size olan "kötü" şeyler kendi seçiminiz. Hata onları seçmekte değil, onlara kötü yaftası asmakta. Onlara kötü demekle Kendinize kötü demiş oluyorsunuz çünkü siz yarattınız. Bu etiketi kabul edemiyorsunuz. Kendinize kötü etiketi yapıştırmak yerine, *yarattıklarınızı reddediyorsunuz.* İşte bu entelektüel ve spirütüel dürüstsüzlük, sizi dünyanın içinde bulunduğu koşullara katlanmayı kabul etmeye zorluyor.

Eğer dünyanın *bireysel sorumluluğunu* kabul etmiş olsaydınız, hatta içinizin derinliğinde bu sorumluluğu hissetmiş olsaydınız, dünya çok farklı bir yer olurdu. *Herkes* bu sorumluluğu hissetseydi, dünya *kesinlikle* farklı bir yer olurdu.

Size böylesine acı veren işte bu dokunaklı ironik durumunuz ve gerçeğin netçe ortada olması.

Dünyanın doğal afetleri -kasırgalar, fırtınalar, seller ve yanardağ patlamaları- tüm jeolojik olaylar sizin tarafınızdan yaratılmadı. Sizin tarafınızdan yaratılan şey, bu olaylara yüklediğiniz anlamlar ve bu olaylardan hayatınızın etkileniş biçimi. Evrende olan bitenler için en geniş hayal gücü bile bunları sizin yarattığınızı ya da sizin başlattığınızı söyleyemez. Tüm olaylar insanlığın birleşik bilinciyle yaratıldı. Toplu bilinçle birlikte yaratarak bu deneyimler üretiliyor. Her biriniz, bireysel olarak olayların akışı içinde tüm bunların eğer bir anlamı varsa sizin için ne ifade ettiğine, olaylarla Kim ve Ne olduğunuzun ilişkisine karar veriyorsunuz.

Ruhun gelişimi için hayatınızı ve zamanınızı seçerek hem bireysel hem kolektif olarak yaratıyor ve deneyimliyorsunuz.

Bu süreçlerden geçmenin daha az acılı bir yolu olup olmadığını sordun. Yanıt evet. Ama dışsal deneyiminizde değişen bir şey olmaksızın. Dünyevi deneyim ve olaylarla bağlantılı gördüğünüz (hem kendinizin hem başkalarının) acıları azaltmanın yolu onlara *bakış açınızı değiştirmekten geçiyor.*

Dışsal olayı değiştiremezsiniz. (Onlar kolektif bilinciniz tarafından çoğunuzun katılımıyla yaratıldı ve henüz kolektif bilinciniz tarafından yaratılan bir şeyi bireysel olarak değiştirebilecek kadar değişmediniz.) Ama içsel deneyiminizi değiştirmek elinizde. Bu yol, yaşam sanatında ustalaşmanın yolu.

Hiçbir şey kendi başına acı değildir. Acı, yanlış düşüncelerin sonucudur. Acı, düşünce hatasıdır. Usta, en müthiş acıyı bile yok edebilir. Bu yolla usta iyileşir.

Acı, bir şey hakkında yargının sonucudur. Yargınızı yok edin acı yok olacaktır. Yargılar genellikle önceki deneyimlere dayanır. Bir şey hakkındaki düşünceniz bu şey hakkındaki daha önceki düşüncenizden kaynaklanır. O da kendinden bir önceki düşünceden. Aynalar koridorunda hep geriye bir önceki düşünceye gidildiğinde ilk düşünceye varırsınız. Tüm düşünceler yaratıcıdır. Ve hiçbir düşünce orijinal düşünceden daha güçlü değildir. Bu yüzden bazen ilk düşünce "ilk günah" olarak da nitelendiriliyor. İlk günah bir şey hakkındaki ilk düşüncenin hatalı olması anlamına geliyor. Bu hata tekrarlandıkça büyüyor.

Öz'ünüzün görevi yeni anlayış kazanmanıza ilham olarak sizi hatalarınızdan özgürleştirmek.

Afrika'da açlıktan ölen çocuklar için, Amerika'da şiddet ve adaletsizlik için, Brezilya'da depremden ölen binlerce insan için kendimi kötü hissetmemem gerektiğini mi söylüyorsun?

Tanrı'nın dünyasında zorunluluk, yapılması ya da yapılmaması gerekli hiçbir şey yoktur. Ne istersen onu yap. Seni ne yansıtıyorsa onu yap. Kendinin daha büyük versiyonu olan "Ben"ini ne temsil ediyorsa onu yap. Kendini kötü hissetmek istiyorsan kötü hisset.

Ama yargılama ve suçlama. Çünkü bir şeyin neden olduğunu ve nasıl bir sonu olacağını bilmiyorsun.

Ve şunu hatırla: Suçladığın şey seni suçlayacaktır. Yargıladığın şey ise bir gün kendin olacaksın.

Bunun yerine bunları değiştirmeye çalış ya da değiştirmeye çalışanlara destek ver.

Neden? Çünkü artık onlar kim olduğunun yüksek boyutunu yansıtmıyor.

Burada bir dakika durabilir miyiz? Tanrı'nın dünyasında gerekli ya da zorunlu bir şeyin olmadığını söyledin. Doğru işittim değil mi?

Evet.

Bu nasıl olabilir? Eğer *senin* dünyanda yoksa nerede *olmalı*?

Evet - Nerede ... ?

Soruyu tekrar edeyim. Eğer senin dünyanda "zorunluluk" ve "gereklilik" yoksa nerede olmalı?

Kendi *hayalinizde*.

Ama bana doğruları yanlışları yapmam ve yapmamam, olmam ve olmamam gereken şeyleri öğretenler, bu kuralların senin -Tanrı- tarafından koyulduğunu söylediler.

Sana öğretenler yanlış öğretmiş. Ben asla neyin "doğru" neyin "yanlış" olduğunu belirlemedim. Şunu "yap" şunu "yapma" demedim. Bunu yapmak seni en büyük yeteneğinden, armağanından yoksun etmek olur. İstediğini yapma ve sonuçlarını deneyimleme yeteneğinden, kim olduğunun benzersizliğine uygun olarak kendini yeniden yaratma yeteneğinden adım adım daha yüksek, daha yüce, Ben'inin realitesini yaratma ortamından, kendi kapasiten hakkında bildiğin en geniş düşünceleri yaşama geçirme gücünden yoksun olman demek olur.

Bir düşüncenin, sözün, davranışın "yanlış" olduğunu söylemem, "onu yapma!" anlamına gelir. Bir şeyi yapma demek seni yasaklamak olur. Seni yasaklamak seni kısıtlamak olur. Seni kısıtlamak, kim olduğunun realitesini reddetmek ve bu gerçeği yaratma ve deneyimleme olanağını elinden almak olur.

Bazıları sana özgür irade verdiğimi söylüyor. Ama aynı insanlar bana itaat etmezsen seni cehenneme göndereceğimi de söylüyor. Bu ne biçim özgür irade? Bu Tanrı'yı alaycı bir konuma koymuyor mu? İtaat etmenin olduğu bir ilişkide seninle benim aramda nasıl gerçek bir ilişki olabilir?

Şimdi konuşmak istediğim başka bir konuya girmiş oluyoruz. Şu cennet ve cehennem meselesi. Söylediklerinden çıkardığım kadarıyla cehennem diye bir şey yok.

Cehennem var ama sandığınız değil. Ve size söylenen gerekçelerden dolayı cehennemi deneyimlemiyorsunuz.

O halde cehennem nedir?

Seçimlerinizin, kararlarınızın ve yarattıklarınızın sonuçlarının en kötü şekilde deneyimlenmesidir. Beni yadsıyan, benimle olan ilişkinde kim olduğunu yadsıyan her düşüncenin doğal sonucudur.

Yanlış düşünceden dolayı çektiğin acıdır cehennem. Bu "yanlış düşünce" kavramı bile hatalı. Çünkü gerçekten yanlış olan bir şey yok. Cehennem hazzın, coşkunun zıddıdır. Doyumsuzluktur. Kim ve Ne olduğunu bilmek ama bunu deneyimlememektir. Daha *az* olmaktır. İşte cehennem budur. Fantezilerinizde olduğu gibi cehennem bir yer olarak yoktur. Hani şu sonsuz ateşte yandığınız, sonsuza dek acı çektiğiniz yer. Böyle bir cehennem yaratmak için benim ne gibi bir amacım olabilir? Sizin cenneti "hak etmediğiniz" gibi hiçte tanrısal olmayan bir düşüncem olsa bile, neden sizin başarısızlıklarınızı cezalandırmaya, sizden bir tür intikam almaya gereksinim duyayım? Sizi yok etmek benim için çok kolay olmaz mıydı? Benim hangi intikamcı boyutumu tatmin etmek için sizi sonsuz işkencelere maruz bırakayım? Sizin cehennem kavramınız en aşırı gaddarlığın da ötesinde bir boyut.

Eğer cehennemi adalet sağlamak için yarattığıma inanıyorsanız benimle ilişki kuramamanız yeterince adalet sağlamıyor mu? Sizi sonsuz acılar içinde kıvrandırmak ayrıca neden gerekli olsun?

Korku temelli teolojilerinizle inşa ettiğiniz şekilde ölümden sonra bu tür deneyimlerin olmadığını söylüyorum.

Ama çok mutsuz, çok eksik, bütünden çok daha az, Tanrı'nın en büyük hazzından çok uzak olduğunuzda, kendinizi Tanrı'dan ayırdığınızda ruhunuz için bu cehennem olabilir. Sizi oraya *gönderen* ben değilim. Bu deneyimlerinizi size yaşatan da ben değilim. Siz, kendinizi kendi hakkınızdaki en yüksek düşüncelerden ayırdığınızda bu deneyimi yaşıyorsunuz. Kendinizi, Ben'inizi yadsıdığınızda, Kim olduğunuzu reddettiğinizde bu deneyimi siz yaratıyorsunuz. Ama bu deneyiminiz bile sonsuza dek sürmüyor. Zaten *mümkün değil.* Sizi ebediyen kendimden ayırmak benim planım olamaz. Böyle bir şeyin olması için sizin Kim olduğunuzu yadsımanız yetmez, Ben'im de Kim olduğumu yadsımam gerekir. Bunu asla yapmam. Birimiz sizin hakkınızdaki gerçeği bildiği sürece sizin kim olduğunuz eninde sonunda ortaya çıkacaktır.

Eğer cehennem yoksa bu istediğim her şeyi yapabilirim anlamına mı geliyor? Hiç cezalandırılma korkusu olmaksızın dilediğim her şeyi yapabilirim demek mi oluyor?

Özsel olarak doğru olanı yapman için ille de *korku* mu gerekiyor? "İyi olmak" için tehdit edilmen mi gerekiyor? "iyi olmak" ne demek? Bu kararı veren kim? Kuralları koyan kim? Emirleri veren kim?

Şunu bilin: Kuralları kendiniz koyuyorsunuz. Ve ne kadar iyi olduğunuza siz karar veriyorsunuz. Kim ve Ne olduğunuza karar veren sizsiniz -ve Kim olmak istediğinize de. Ne yaptığınızı gerçekten değerlendirebilecek *tek* kişi sizsiniz. Asla sizi başka yargılayan olmayacak. Tanrı kendi yarattığını nasıl yargılayabilir ve ona kötü diyebilir.

Eğer sizin mükemmel olmanızı ve her şeyi mükemmel yapmanızı isteseydim, sizi geldiğiniz kaynağın mükemmel boyutunda bırakırdım. Kaynaktan ayrılmanızın tek amacı bunu kendinizin keşfetmesi, kendinizi gerçekten olduğunuz gibi bu kez bilinçlice yaratmanızdı. Ama başka bir şey olma seçiminiz olmaksızın gerçekten olmak istediğinizi olamazdınız. Önünüze seçimi ben koyduğuma göre yaptığınız seçimler için sizi niye cezalandırayım? Eğer ikinci seçimi yapmanızı istemeseydim sizi seçimsiz bırakamaz mıydım? Bana suçlayıcı Tanrı rolünü vermeden önce bu soruyu kendinize sormalısınız. Soruna doğrudan yanıt istiyorsan, evet; cezalandırılma korkusu olmaksızın dilediğin her şeyi yapabilirsin. Tabii yaratacağı sonuçların da farkında olarak yapman yararına olur.

Etki-tepki. Neden-sonuç. Bunlar doğal sonuçlardır. Sonuçlar ceza değildir. Doğal yasaların uygulamalarının doğal sonuçlarıdır.

Tüm fiziksel yaşam doğa yasalarına uygun olarak sürer. Bu yasaları öğrenip uyguladığında fiziksel boyuttaki yaşamda ustalaşmış olursun. Sana ceza gibi gelen ya da şeytan işi veya kötü talih diye nitelendirdiğin şey doğal yasanın kendini ifade etmesinden başka bir şey değil.

Eğer bu yasaları bilir ve uygularsam asla bir an bile sıkıntı yaşamayacağım anlamına mı geliyor?

Asla kendini "sıkıntı" dediğin durumda deneyimlemeyeceksin. Hiçbir yaşam durumunu sorun olarak görmeyeceksin. Hiçbir koşulda kararsızlık, ikilem, korku yaşamayacaksın. Endişe, şüphe ve korkunun yaşamında yeri olmayacak. Havva ile Adem'in fantezilerinde yaşadıkları gibi yaşayacaksın. Ama bu kez mutlak boyutundaki bedensiz ruhlar olarak değil, görelilik boyutundaki bedenli ruhlar olarak. Ve tüm özgürlük, tüm haz, tüm huzur, tüm bilgelik, Ben olan ruhunun anlayışı ve gücü sende olacak, kendini bütünüyle gerçekleştirmiş varlık olacaksın.

İşte ruhunun amacı bu. Ruhunun amacı kendisini tümüyle bedenin içindeyken gerçekleştirmek. Gerçek varlığını ete kemiğe bürünmüş olarak da ifade etmek.

Benim sizin için planım bu. Bu, benim idealim: sizin vasıtanızla kendimi gerçekleştirmek. Kavramları deneyime çevirmek. Böylece Kendimi *deneyimsel* olarak da bilmek.

Evrensel yasaları ben koydum. Onlar, fiziksel boyutun mükemmel işlemesi için mükemmel yaratılmış yasalar.

Bir kar tanesinden daha mükemmel bir şey gördünüz mü? Karmaşık deseni, simetrisi, kendisiyle uyumu ve başka her şeyden olan farklılığı... Doğanın bu mucizevi sergisinden şaşkına dönüyorsunuz. Bunu tek bir kar tanesi ile yapabiliyorsam, evren ile ne yaptığımı, ne yapabileceğimi düşünün. En büyük organizmadan, en minicik parçacığa kadar her şeydeki simetriyi, düzeni, desenin mükemmelliğini görebilseydiniz, kendi realitenizde bu gerçekleri kavramakta zorluk çekerdiniz. Şimdi göz ucuyla gördüğünüz bazı şeyleri bile kavramakta zorlanıyorsunuz. Ve bunlar sadece ipucu. Bütün, bugünkü anlayışınızla kucaklayamayacağınız kadar karmaşık ve olağanüstü.

Shakespeare bunu ne de güzel ifade etti: "Cennette ve Dünyada, senin felsefenin rüyasında bile görmediği çok ötede şeyler var Horatio"

Bu yasaları nasıl bilebilirim? Nasıl öğrenebilirim?

Bunu öğrenmen değil, hatırlaman lazım.

Peki nasıl hatırlayabilirim?

Dingin olmakla başla. Dış dünyanı sessizleştir ki, iç dünyanı işitebilesin. Aradığın şeyi içgörü getirecektir. Dış realitenle meşgul olduğun sürece içgörüyü sağlayamazsın. Mümkün olduğunca çok içine dön. İçe dönmezsen, dış dünyana da yabancılaşırsın. Ve dış dünyan sorunlar yumağı haline gelir. İçe dönmezsen, boşluğun artar.

Şu sözü birinci tekil şahıs olarak tekrar et:

"İçe dönmezsem, boşluğum artar."

Yaşamın boyunca boşlukta yaşadın. Oysa böyle yaşamak zorunda değilsin.

Olamayacağın hiçbir şey yok, yapamayacağın hiçbir şey yok, sahip olamayacağın hiçbir yok.

Bu, gökkuşağının ardındaki hazine vaadine benziyor.

Tanrı'nın başka ne tür bir vaatte bulunmasını isterdin? Daha azını vaat etseydim Bana inanır mıydın?

Binlerce yıldır insanlar Tanrı'nın vaatlerine inanmadı. Hem de çok olağanüstü bir nedenle: gerçek olması imkansızdı. Böylece daha az vaatleri, daha az sevgiyi seçtiniz. Tanrı'nın en yüce vaatleri en yüce sevgiden kaynaklanır. Siz en yüce sevgiyi de algılayamıyorsunuz. Bu yüzden en yüce vaatler de algılanamıyor, mükemmel insan olmak da. Bu yüzden kendinizde olan mükemmelliği de yadsıyorsunuz.

Tüm bunlara inanmayarak, gerçekte Tanrı'ya da inanmıyorsunuz. Tanrı'ya inanmak Tanrı'nın en büyük armağanını da kabul etmektir: koşulsuz sevgi... ve Tanrı'nın en büyük vaadi; sınırsız potansiyel.

Sözünü burada kesebilir miyim? Coşmuşken sözünü kesmek istemiyorum ama ... Bu sınırsız potansiyel hikayesini daha önce duymuştum. Fakat insan deneyimiyle hiç de uzlaşmıyor. Bırak sıradan insanın karşılaştığı sorunları bir yana, zihinsel ve fiziksel sınırlılıklarla doğmuş insanların karşılaştıkları sorunlara bak. *Onların* potansiyelleri de sınırsız mı?

İncil'de de, başka yerlerde de bunları yazdınız.

Bana bir referans göster.

İncil'inizin Genesis, 11/6 bölümüne bak.

Diyor ki, "Ve Tanrı dedi ki, insanlar birdir, hepsinin aynı dili var ve bu onların neler yapacaklarının sadece bir başlangıcı. Hayallerinde yapacaklarını düşündükleri hiçbir şey onlardan esirgenmeyecek." Evet şimdi buna güvenebiliyor musun?

Bu benim soruma yanıt vermiyor. Sınırlılar da, sınırsız potansiyele sahip mi?

Senin sınırlılık dediğin şeyin, bu insanların seçimi olma-

Bu nasıl olabilir? İnsan tarafından yaratılan şeytana ne diyorsun?

Tanrı'nın planı dışında olan hiçbir şeyi yaratamazsınız. Ne bir düşünceyi, ne bir objeyi, ne bir olayı, ne de bir deneyimi. Tanrı'nın planı sizin *ne isterseniz* onu yaratmanızdır. Bu özgürlük Tanrı'nın Tanrı olmasının deneyimidir. Bu özgürlükle *sizi yarattım.* Ve Hayatı.

Şeytana isim veren sizsiniz. Ama onu da seviyorum. Çünkü şeytan dediğiniz şeyin aracılığıyla doğruyu bilirsiniz. Şeytanın işi dediğiniz şeyle, Tanrı'nın işini bilebilirsiniz. Sıcağı soğuktan daha fazla, yükseği alçaktan daha fazla, solu sağdan daha fazla sevmiyorum. Hepsi görece. Hepsi *Olan*'ın bir parçası. "İyi"yi "kötü"den daha fazla sevmiyorum.

Ama iyinin ve kötünün *varolduğu*, doğrunun ve yanlışın zıt olduğu, bazı şeylerin Tanrı katında olumlu, bazılarının olumsuz olduğu bilgisiyle büyüdüm.

Her şey "Tanrı katında" kabul edilir. Tanrı olan bir şeyi nasıl reddeder? Bir şeyi reddetmek, onun varlığını reddetmektir. Bir şeye onay vermemek, onun Benim bir parçam olduğunu reddetmektir. Bu da mümkün değildir. Ama kendi inançlarınıza ve değerlerinize bağlı kalmayı seçiyorsunuz. Çünkü bu değerler anne babanızın, onların anne babalarının, arkadaşlarınızın ve toplumun değerleri. Onlar sizin hayatınıza şekil veriyor. Bu değerleri kaybetmek, sizi ören, inşa eden şeylere karşı çıkmak anlamına geliyor. Buna rağmen, değer ve inançlarınızı tek tek inceleyin. Gözden geçirin. Evi yıkmayın. Ama tuğlaları tek tek gözden geçirin. Kırılmış olan, binayı artık desteklemeyen tuğlaları değiştirin. Doğru ve yanlış hakkındaki düşünceleriniz -sadece düşüncelerdir.

Bu düşüncelerle Kim Olduğunuza şekil veriyor ve değerinizi yaratıyorsunuz. Tüm bunları değiştirmek, yenilemek için tek bir nedeniniz var: Kim Olduğunuzdan memnun olmamak. Mutlu Olmamak. Doyum Bulmamak

Mutlu olup olmadığınızı yalnızca siz bilirsiniz. Yalnızca siz -bu hayat benim yarattığım bir eser ve bundan memnunum diyebilirsiniz.

Eğer inanç ve değerleriniz sizi mutlu kılıyorsa sahip çıkın. Mücadele edin. Onları savunun. Ama kimseye zarar vermemeye özen gösterin. Zarar, iyileşmek için gerekli bir araç değildir.

Hem "değerlerinize bağlı kalın" diyorsun hem de tüm değerlerimizin yanlış olduğunu söylüyorsun.

Değerlerinizin yanlış olduğunu söylemedim. Doğru olduğunu da. Onlar sadece yargılar. Değerlendirmeler. Kararlar. Çoğu sizin değil, başkaları tarafından verilen kararlar: ebeveynleriniz, din adamlarınız, öğretmenleriniz, tarihçileriniz, politikacılarınız.

Kendi gerçeğiniz olarak benimsediğiniz değer yargılarınızın çok azı kendi deneyimlerinize dayanır. Oysa buraya deneyim için geldiniz. Ve kendinizi ancak kendi deneyimlerinizle yaratabilirsiniz. Siz ise *başkalarının* deneyimleriyle kendinizi yaratıyorsunuz.

Eğer günah diye bir şey olsaydı, işte bu olurdu: Başkalarının deneyimlerinin sizi oluşturmasına izin vermek.

Günahınız bu. Hepinizin günahı. Kendiniz deneyimlemek yerine *başkalarının* deneyimlerini "hakikat" olarak kabul ediyor, sonra da ilk kez *gerçek deneyim* yaşadığınızda, bildiğinizi sandığınız "hakikat"lara adapte etmeye çalışıyorsunuz.

Böyle yapmasanız bambaşka bir deneyim yaşayabilirsiniz: size öğretilenlerin "yanlış" olduğunu gösteren türden deneyimler. Ama ebeveynlerinizi, okullarınızı, dinlerinizi, geleneklerinizi, kutsal kitaplarınızı yanlış çıkarmak istemiyorsunuz. Böylece kendi deneyiminizi yadsıma pahasına *size söylenen düşünce tarzını (nasıl düşünmeniz gerektiğini)* tercih ediyorsunuz.

Bu tercihinizin boyutu, hiçbir şeyde insan cinselliğine bakış açınızda olduğu kadar net görülemez.

Cinsel deneyimin insanların *fiziksel* deneyimleri içinde en yaratıcı, en birleştirici, en yakın, en olumlu, en enerji verici, en yenileyici, en yoğun, en heyecan verici, en güçlü, en sevecen olduğu tek deneyim olduğunu herkes bilir. Bunu deneyimsel olarak keşfettiğinizde bile, *başkaları* tarafından oluşturulmuş kuralları, yargıları, düşünce ve fikirleri kabul etmeyi seçiyorsunuz. Bu başkalarının, sizin böyle düşünmeniz için nasıl derin çıkarları olduğunu göremiyorsunuz.

Bu düşünce, yargı ve fikirler, sizin kendi deneyiminize taban tabana zıt düşüyor. Ama öğretmenlerinizin "yanlış" olduğu fikrinden nefret ettiğiniz için kendi deneyimlerinizin "yanlış" olduğuna kendinizi ikna ediyorsunuz.

Sonuç: Kendi gerçek doğrularınıza ihanet ediyorsunuz, hem de kahredici sonuçlarla.

Para konusunda da aynı şeyi yapıyorsunuz. Hayatınızda çok para olduğu anlarda kendinizi harika hissetiniz. Paraya sahip olmaktan da, harcamaktan da zevk duydunuz. Para ne kötü, ne şeytani, ne de özünde "yanlış"tı. Ama *başkalarının* öğretileri öylesine içinize işlemiş durumda ki, öğretilerin sunduğu "doğru" adına kendi deneyiminizi *reddettiniz.*

Bu "doğru"yu kendi düşüncelerinize adapte ederek, onun etrafında düşünceler oluşturdunuz

Düşünce yaratıcıdır. Paranın sizden uzak kalmasını sağlayan bir bireysel realite yarattınız. "İyi"olmayan bir şeyi kendinize niye çekmek isteyesiniz ki?

Şaşırtıcı bir biçimde aynı tezadı Tanrı konusunda da yarattınız. Tanrı hakkında yüreğinizin hissettiği deneyimler, size Tanrı'nın "iyi" olduğunu söylüyor. Yüreğiniz Tanrı'yı korkmadan sevmenizi söylüyor. Öğretmenleriniz ise Tanrı'dan korkmanız gerektiğini; O'nun intikamcı olduğunu öğretiyor. Tanrı'nın öfkesinin korkusu içinde yaşamanız gerektiği söyleniyor. O'nun önünde titremeniz gerektiği; Hayatınız boyunca Tanrı'nın yargılamasından korkmanız gerektiği; çünkü O'nun "adil" olduğu söyleniyor. Eğer Tanrı'nın korkunç adaletinden şüphe ederseniz sizi korkunç sıkıntılar bekliyor. Bu yüzden Tanrı'nın emirlerine "itaat" etmelisiniz. Yoksa ....

Öncelikle şu tür mantıksal sorular sormamalısınız. "Eğer Tanrı O'nun Yasalarına mutlak itaat istiyorsa, neden bu Yasalara itaat etmeme olasılığını da yarattı?" Ah, diyecek öğretmenleriniz. Çünkü Tanrı sizin "özgür irade"ye sahip olmanızı istedi. Bu ne tür bir seçim özgürlüğü ki birini diğerine seçersen lanetleniyorsun? Bu nasıl bir "özgür irade" ki, iradende özgür olmaksızın, başkasının iradesini kabul etmek zorundasın. Size bunu öğretenler Tanrı'yı riyakar yapmıyor mu?

Size Tanrı'nın affedici ve şefkatli olduğu öğretiliyor. Ama bu affa "doğru yol"la sığınmazsan, Tanrı'ya belirli bir şekilde dua etmezsen, işitilmeyecek ve dualarınız yanıtsız kalacaktır. Tek bir yolun olması bile o kadar kötü değil. Ama -öğretmenlerinizin sayısı kadar- öylesine çok sayıda "tek doğru yol"var ki. Bu yüzden çoğunuz yetişkin yaşamınızın önemli bir bölümünü tapınmak, itaat etmek ve Tanrı'ya hizmet için "doğru yol"u aramakla geçiriyorsunuz. *Bunun ironisi ise: si-*

zin itaatınıza ihtiyacım yok, tapınmanızı istemiyorum ve Bana hizmet etmeniz gerekli değil.

Bu davranışlar tarih boyu -genellikle ego manyağı, güvensiz, despot- hükümdarların tebaalarından beklediği türden davranışlar.

Bunlar hiçbir şekilde Tanrı'nın isteği olamaz. Dünyanın, bu taleplerin sahte, Tanrı'nın ihtiyacı ve isteği ile hiçbir bağlantısı olmadığını hala anlamamış olması gerçekten ilginç.

Tanrı'nın hiçbir ihtiyacı yok. *O Her şeydir. Olan Her şey. Tanımı gereği zaten eksikliğini duyduğu ve istediği bir şey olamaz.*

Eğer Tanrı'nın bir şekilde bir şeye *ihtiyaç duyduğuna* inanmayı seçiyorsanız ve beklediği şeyi alamadığı için duyguları incinerek sizi cezalandırıyorsa, o zaman Ben'den çok daha küçük bir Tanrı'ya inanmayı seçiyorsunuz. O zaman gerçekten Başka Tanrı'nın Çocuklarısınız.

Hayır, çocuklarım, size bu kitap yoluyla yine söyleyeyim, Benim hiçbir şeye ihtiyacım yok. Hiçbir talebim yok.

Bu, Benim *arzularım* olmadığı anlamına gelmiyor. *Arzular* ve *ihtiyaçlar* aynı şey değildir. (Gerçi şu andaki hayatınızda çoğunuz aynı olarak görüyorsunuz.)

Arzu tüm yaradılışın başlangıcıdır. İlk düşüncedir. Ruhun yüce duygusudur. Bir sonra neyi yaratacağını seçen Tanrı'dır.

Tanrı'nın arzusu nedir?

Önce kendimi bilmeyi ve deneyimlemeyi arzu ediyorum. Tüm görkemimle, kim olduğumu bilmek. Sizleri ve evrenleri yaratmadan önce bunu bilmem imkansızdı.

İkinci olarak, Sizin Gerçekten Kim Olduğunuzu bilmenizi ve deneyimlemenizi arzu ediyorum.

Bunu size verdiğim güçle kendi seçimleriniz doğrultusunda kendiniz yaratarak ve deneyimleyerek bileceksiniz.

Üçüncü olarak, tüm yaşam sürecinin sürekli haz, sürekli yaratıcılık, sonsuz genişleme ve şimdinin her anının total doyum deneyimi olmasını arzu ediyorum.

Bu arzuların gerçekleşmesi için mükemmel bir sistem kurdum. Şimdi, bu anda da bu arzular gerçekleşiyor. Sizinle Benim aramdaki tek fark, *Ben bunu biliyorum.*

Total *bilme* anınızda (bu an size her an gelebilir), siz de benim her an hissettiğimi hissedeceksiniz: total haz, sevecenlik, kabul, kutsama ve şükran.

Bunlar Tanrı'nın *Beş Davranış Hali.* Bu sohbetimizi bitirmeden önce, size bu davranış biçimlerinizi yaşamınıza nasıl uygulayacağınızı ve bu uygulamanın size tanrısallığı nasıl getireceğini göstereceğim.

Kısacık soruna, bu çok uzun yanıt oldu. Evet, size hizmet ettiğini deneyimlediğiniz sürece değerlerinize sarılın. Düşüncelerinizle, sözlerinizle, davranışlarınızla sizin hizmet verdiğiniz değerlerin, kendiniz hakkındaki en yüksek ve en iyi düşüncelerinizi deneyimleme alanını size getirip getirmediğine dikkat edin.

Değerlerinizi tek tek gözden geçirin. Onlara toplumun tetkiki ışığında bakın. Eğer tereddüt göstermeksizin dünyaya kim olduğunuzu ve neye inandığınızı söyleyebiliyorsanız, kendinizle mutlusunuzdur. Benimle bu diyalogu sürdürmenize gerek kalmaz. Çünkü kendinizi yaratmış olursunuz -Ve Kendiniz için olan bir hayatı. Mükemmelliğe ulaşmışsınız demektir. Kitabı okumanıza gerek kalmamıştır.

Hayatım mükemmel değil. Mükemmelliğe yakın bile değil. Mükemmel değilim. Hatta mükemmel olmayan şeylerin bir demetiyim. Bazen tüm yüreğimle bu hatalarımı düzeltmeyi, davranışlarımın nedenlerini bilmeyi, düşüşlerimin nedenlerini bilmeyi, neyin yoluma engel olduğunu bilmeyi arzu ediyorum. Herhalde bu yüzden Sana geldim. Yanıtları kendi başıma bulamadım.

Geldiğine memnunum. Sana yardım etmek için daima buradaydım. Şimdi buradayım. Asla yanıtları kendi başınıza bulmak zorunda değilsiniz. Hiçbir zaman da olmadınız.

Ama... burada oturmuş, seninle bu yolla konuştuğumu... *varsaymak*... ve Senin -Tanrı'nın- bana yanıt verdiğini hayal etmek... bu *delilik*.

Anlıyorum. Kutsal kitaplarınızın yazarları hep akıllıydı, ama *sen* delisin.

İncil'in yazarları, İsa'nın yaşamına şahitlerdi. Gördüklerini ve işittiklerini sadık bir şekilde kayda geçirdiler.

Yeni İncil'in yazarlarının çoğu ise, kendi yaşamlarında İsa'yla ne tanıştılar ne de gördüler. İsa'nın dünyayı terk edişinden yıllarca sonra yaşadılar. Yolda İsa'yla karşılaşmış olsalar İsa'yı tanımazlardı. Fakat... İncil'in yazarları inançlı tarihçiydiler. Kendilerine birkaç nesil boyu yaşlılar tarafından aktarılan hikayeleri alıp, yazılı metin haline getirdiler.

Ve *İncil yazarlarının yazdıkları her şey bu metne dahil edilmedi.*

Zaten İsa'nın öğretileri etrafında "kiliseler" her yerde oluşmaya başlamıştı. Ne zaman güçlü bir fikir etrafında gruplar oluşmaya başlarsa, grubun içinden birileri duruma el koyar. Bu kiliseler içinde de birileri İsa Hikayesi'nin hangi bölümlerinin söyleneceğine ve nasıl söyleneceğine karar veriyordu. Bu seçme ve denetleme işi, gruplaşma, İncil'i yazma ve basma süreci için de devam etti.

İlk yazıların yazılmasından *asırlar* sonra bile, Kilise Yüksek Konseyi, bir kez daha hangi doktrin ve öğretilerin artık resmi hale gelen İncil'e dahil olması, hangilerinin "sağlıksız" ya da kitlelere açıklamak için "erken" olduğu için çıkarılması gerektiğini tayin etti.

İncil'den başka kutsal kitaplar da var. Her biri normal insanlar tarafından ilham anlarında yazıldı. Hiçbiri de senden daha deli değildi.

Bu kitabın da bir gün "kutsal kitap" olabileceğini mi kastediyorsun?

Çocuğum, *yaşamda her şey kutsaldır.* Bu anlamda evet, bu yazılar da kutsal yazılar. Ama sana kaçamak bir yanıt, her anlama gelebilecek bir yanıt vermeyeceğim.

Hayır, bu kitabın bir gün kutsal kitap olacağını kastetmiyorum. En azından birkaç yüzyıl daha değil ya da dili artık geçerliliğini yitirene dek.

Gördüğün gibi bu konuşmada dil çok güncel, çok sohbet havasında, güncel deyimlerle dolu. İnsanlar Tanrı direkt olarak seninle konuşuyor olsaydı, komşuyla sohbet ederken kullanılan dili kullanmaması gerektiğini düşünürdü. Dilin yapısı kutsallaştırıcı değil, birleştirici olmalı. Ama insanlar tanrısal bir konuşma tarzı bekliyor.

Daha önce de söylediğim gibi, bu sorunun bir parçası. İnsanlar Tanrı'nın tek bir yolla kendini göstermesini bekliyor. Buna uymayan form ise küfür olarak algılanıyor; Benim daha önce söylediğim gibi.

Senin daha önce söylediğin gibi. Ama sorunun kalbine gelelim. Neden Tanrı'yla diyaloğun senin için delilik olduğunu düşünüyorsun? Duaya inanmıyor musun ?

Evet, ama o farklı. Dua benim için daima tek istikametlidir. Ben sorarım Tanrı sessiz kalır.

Tanrı hiç dualarına karşılık vermedi mi?

Oh, Evet ama asla *sözle* değil. Yaşamımda öyle şeyler oldu ki, olanların dualarımın -doğrudan- yanıtı olduğuna eminim. Ama Tanrı hiç benimle *konuşmamıştı.*

Anlıyorum. Senin şu inandığın -şu her şeye muktedir- Tanrı her şeyi yapabilir. Ama konuşamaz.

Tabii ki Tanrı konuşabilir, eğer isterse. Ama *benimle* niye konuşsun ki?

İşte bu yaşamındaki tüm deneyimlediğin sorunların kaynağı. Kendini, Tanrı'nın seninle konuşacağı kadar değerli görmüyorsun.

Tanrı aşkına eğer kendini Tanrı'nın seninle konuşmasına layık olmayı düşleyemeyecek kadar değersiz görüyorsan sesimi işitmeyi nasıl bekleyebilirsin?

Sana şunu söyleyeyim: Şu anda bir mucize gerçekleştiriyorum. Yalnızca seninle değil, bu kitabı alıp okuyan herkesle konuşuyorum.

Şimdi her biriyle konuşuyorum. Her birinin kim olduğunu biliyorum. Kimin bu sözlere ulaşacağını biliyorum. Tüm diğer iletişim yollarım gibi bazıları işitebilecek bazıları yalnızca dinleyecek ama *işitmeyecek.*

Pekala, bu bir konuyu daha getiriyor. Bu materyali şimdi yazarken bile basmayı düşünüyorum.

Evet, bunda ne "yanlış" var?

Tüm bunları kazanç için yaptığımı düşünmeyecekler mi? Bu da yazılanları şüpheli hale getirmez mi?

Senin amacın çok para kazanmak istediğin bir şey yazmak mı?

Hayır. Bu nedenle başlamadım. Bu sohbete yazıyla başladım. Çünkü, zihnim otuz yıldır bu sorularla meşgul. Yanıtını duymak için *açlık* çektiğim sorular. Yazdıklarımı kitaplaştırma fikri sonradan geldi.

Benden.

Senden mi?

Evet. Bu harika soruları ve yanıtları senin ziyan etmene izin vereceğimi düşünmezsin, değil mi?

Hiç böyle düşünmemiştim. Sadece sorularımın yanıtlanmasını, çelişkilerimin sona ermesini, arayışımın bitmesini istiyordum.

İyi öyleyse. Amaçlarını sorgulamayı bırak (bunu sürekli yapıyorsun) ve kaldığımız yerden devam edelim.

~3~

Pekala, yüzlerce sorum var. Binlerce, milyonlarca. Ama bazen nereden başlayacağımı bilemiyorum.

Sorularının listesini çıkar. *Bir yerden* başla. Hadi, hemen şimdi. Aklına gelen soruların listesini yap.

Tamam. Bazıları çok basit, çok avam olacak.

Kendini yargılamayı bırak ve listeni hazırla.

Pekala. İşte şu anda ilk aklıma gelenler:

1. Yaşamım ne zaman rayına oturacak? Bir şeylerin yerli yerine oturması ve bir nebze bile olsa başarı elde etmek için ne gerekli? Mücadelenin bitmesi mümkün mü?

2. İlişkileri doğru dürüst yürütebilmek için ne zaman -ilişkiler hakkında- yeterli bir şeyler öğreneceğim? İlişkilerde mutlu olmak için bir yol var mı? Yoksa sürekli mücadele içinde geçmek zorunda mı?

3. Neden yaşamıma yeterli miktarda parayı çekmeyi bir türlü beceremiyorum? Hayatımın sonuna kadar paramı kuruşu kuruşuna hesaplamak kaderim mi olacak? Bu konuda potansiyelimi gerçekleştirmeme engel olan ne?

4. Neden hayatımda gerçekten yapmak *istediğim* şeyi yaparak geçimimi sağlayamıyorum?

5. Bazı sağlık sorunlarımı nasıl çözebilirim? Hayatım boyunca bana yetecek kadar kronik sorunların kurbanı oldum. Neden hepsi şimdi benim başıma geliyor?

6. Burada öğrenmem gereken karmik ders ne? Neden ustalaşmaya çalışıyorum?

7. Reenkarnasyon diye bir şey var mı? Kaç geçmiş yaşamım var? O yaşamlarda neydim? "Karmik borç" bir realite mi?

8. Bazen psişik yönlerimin çok güçlü olduğunu hissediyorum. "Medyum olmak" diye bir şey var mı? Ben medyum muyum? Psişik güçlere sahip olduğunu söyleyen kişiler şeytanla mı dans ediyor?

9. İyilik yaptığım zaman para almak uygun mu? Eğer şifacılık işini meslek olarak seçersem finansal olarak da rahat edebilir miyim? Yoksa ikisi (şifacılık ve para) birbirinden ayrı mı olmalı?

10. Cinsellik doğru mu? Bu insan deneyiminin hikayesi ne? Bazı dinlerin söylediği gibi sadece üremek için mi var? Gerçek yücelik ve aydınlanma cinsel enerjiyi yadsımaktan ya da dönüştürmekten mi geçiyor? Sevgisiz cinsellik yaşamak doğru mu? Bu tür cinselliğin verdiği fiziksel doyum yeterli bir neden olabilir mi?

11. Eğer ondan mümkün olduğunca uzak kalmamız gerekiyorsa, neden seksi böylesine iyi, böylesine harikulade, böylesine güçlü bir insan deneyimi yaptın? Neden tüm zevkli şeyler "ya ahlak dışı ya yasa dışı ya da şişmanlatıcı?"

12. Başka gezegenlerde hayat var mı? Onlar tarafından ziyaret edildik mi? Şimdi gözlemleniyor muyuz? Bu yaşamımızda uzaylıların yaşadığına dair kimsenin reddedemeyeceği kesinlikte bir kanıt görecek miyiz? Her yaşam formunun kendi

Tanrı'sı mı var? Sen hepsinin Tanrı'sı mısın?

13. Dünya gezegeninde ütopya gerçekleşecek mi? Vaat edildiği gibi, Tanrı Kendisini Dünya insanına gösterecek mi? "İkinci Geliş" diye bir şey var mı? İncil'de olan kehanet gibi Dünya'nın sonu gelecek mi? Gerçek tek bir din var mı? Varsa, hangisi?

Bunlar sorularımın yalnızca birkaçı. Söylediğim gibi daha yüzlerce sorum var. Bu soruların bazıları beni utandırıyor -çok aptalca görünüyor ama lütfen yanıt ver, hem de tek tek. Hadi "konuşalım".

İyi. Şimdi bir yerlere geliyoruz. Bu sorular için özür dileme. İnsanlar aynı soruları yüzlerce yıldır soruyor. Sorular çok aptalca olsaydı, her yeni nesil tarafından tekrar ve tekrar sorulmazdı. Şimdi birinci sorudan başlayalım.

Evrendeki yasaları sizin seçtiğiniz şeye sahip olmanıza -yaratmanıza- olanaklı kılacak şekilde düzenledim. Bu yasalar delinemez ve görmezden gelinemez. Bu satırları okurken bile şu anda yasaları takip ediyorsunuz. Yasalara uymamanız mümkün değil. Onun dışında kalamazsınız; yasaların dışında bir şey yapamazsınız.

Hayatınızın her dakikasında yasalara tabisiniz. Deneyimlediğiniz her şeyi yasalarla yarattınız. Tanrı'yla partnersiniz. Ebedi anlaşmamızı paylaşıyoruz. Benim size sözüm, daima istediğiniz şeyi size vermek. Sizin sözünüz ise istemek; istemenin ve vermenin sürecini anlamak. Bu işleyişi size daha önce açıkladım. Yine açıklayacağım ki, netlikle anlayabilesiniz. Siz üçleme varlıklarsınız: beden, zihin ve ruh. Buna fiziksel, fiziksel olmayan ve metafiziksel de diyebilirsiniz. Bu üçleme değişik adlarla da nitelendiriliyor.

Siz, Bensiniz. Ben Üçü Bir Arada olanım. Bazı teologlarınız buna Baba-Oğul-Kutsal Ruh üçlemesi de diyor. Psikiyatrlarınız bilinç, bilinçaltı ve süper bilinç olarak tanımlıyor. Bilim buna enerji, madde ve anti madde diyor. Şairler akıldan, yürekten ve ruhtan bahsediyor.

Yeni Çağ (New Age) düşünürleri beden, zihin ve ruh olarak tanımlıyor.

Zamanınızı geçmiş an ve gelecek olarak bölüyorsunuz. Bu bilinçaltı, bilinç ve süper bilinçle aynı şey değil mi? Aynı şekilde uzay da üçe ayrılıyor: burada, orada ve arada. Bu "arada" olanı tanımlamak ve tarif etmek zor ve anlaşılması güç. "Arada" olanı tanımlamaya çalışırken, tarif ettiğiniz "burada" ya da "orada " oluyor. Ama "arada" olanın varlığını biliyoruz. Çünkü "arada" olan "burada" ve "orada"yı yerinde tutuyor. Tıpkı sonsuz şimdi'nin "önce"yi ve "sonra"yı yerinde tuttuğu gibi.

Sizin üç boyutunuz, aslında enerjinin üç hali. Onlara *düşünce, söz* ve *aksiyon* da diyebilirsiniz. Üçü bir arada olduğunda *sonuç* üretiyor. Dilinizde ve anlayışınızda buna duygu veya deneyim diyorsunuz.

Ruhunuz (bilinçaltı, id, sprit, geçmiş vb.) yaşadığınız (yarattığınız) duyguların hepsinden oluşuyor. Bu duyguların farkında olduğunuz bazılarına anı diyorsunuz. -Farkında olduğunuz- duygu ve deneyimleri bir araya getirdiğinizde anıyı hatırlıyorsunuz. Tüm anılarınızı bir araya getirdiğinizde ise Kendinizin Gerçekten Kim Olduğunuzu hatırlıyor olacaksınız.

Yaratma süreci düşünceyle başlar: bir fikir, bir kavram, bir imgeleme. Gördüğünüz her şey bir zamanlar birinin fikriydi. Önce saf düşünce olarak varolmayan hiçbir şey dünyanızda varolamaz. Bu, evren için de geçerli.

Düşünce, yaratıcılığın ilk boyutudur. Sonra *söz* gelir. Söylediğiniz her şey ifade edilmiş düşüncedir. Söz yaratıcıdır ve yaratıcı enerjiyi evrene gönderir. Söz, düşünceden daha dinamiktir. (Bazıları daha yaratıcı diyebilir.) Çünkü sözler düşünceden farklı titreşime sahiptir. Söz, evrende daha büyük etki yaratır.

Sözler, yaratıcılığın ikinci boyutudur. Sonra aksiyon gelir. Aksiyon, hareket eden sözlerdir. Sözler, ifade edilen düşüncelerdir. Düşünceler, şekillenmiş fikirlerdir. Fikirler, bir araya gelen enerjilerdir. Enerjiler, özgürleşmiş güçlerdir. Güçler, varolmuş elementlerdir. Elementler, Tanrı'nın parçacıklarıdır. Bütünün Parçacıkları, her şeyin "öz madde"sidir.

Başlangıç Tanrı'dır. Son aksiyondur. Aksiyon, yaratan Tanrı ya da deneyimlenen Tanrı'dır.

Yeterince iyi olmadığınıza, yeterince özgün olmadığınıza, yeterince günahsız olmadığınıza dair düşüncelerinizle, Tanrı'nın parçası olduğunuzu, Tanrı'yla partner olduğunuzu da kabul edemiyorsunuz. Kim Olduğunuzu öylesine uzun süredir yadsıdınız ki, Kim Olduğunuzu unuttunuz.

Bu tesadüfen olmadı. Kendiliğinden olmadı. Hepsi yüce planın bir parçası. Eğer Kim Olduğunuzu bilseydiniz Kim Olduğunuzu yaratarak ve deneyimleyerek bilmekten yoksun olurdunuz.

Tümüyle deneyimlemek, tümüyle yaratabilmek için önce Benimle olan bağlantınızdan özgürleşmeniz (yadsımanız, unutmanız) gerekiyordu. En büyük arzunuz ve en büyük arzum, kendinizi Benim parçam olarak deneyimlemek. Bu nedenle her an kendinizi yeniden yaratarak deneyimleme sürecindesiniz. Tıpkı Benim gibi. Sizin vasıtanızla.

Partner olduğumuzu, ortaklığımızı görüyor musun? Bunun anlamını kavrayabiliyor musun? Bu gerçekten kutsal bir işbirliği, kutsal bir iletişim.

Sen ne zaman seçersen yaşamın o zaman rayına oturacak. Henüz seçmedin. Erteledin, uzattın, protesto ettin. Şimdi ise sana verilen sözü yürürlülüğe koymak ve üretmek zamanı. Bunu yapmak için, söze inanmalı ve yaşamalısın. *Tanrı'nın sözünü yaşamalısın.* Tanrı'nın sözü O'nun oğlu evladı olduğun, O'nun benzeri ve aynısı olduğun, O'nun eşiti olduğundur.

Ah,.. İşte burada takılıyorsun Tanrı'nın oğlu, evladı, benzeri olduğunu kabul ediyorsun. Ama eşiti olmak? Bunu kabul etmek çok zor. Çok fazla büyük, çok fazla harika, çok fazla *sorumluluk.* Çünkü eğer Tanrı'nın *eşiti* isen, bu kimsenin sana bir şey yapmadığı, her şeyin senin tarafından yaratıldığı anlamına geliyor. *Artık kurban ya da kötü adam olamaz.* Sadece bir şey hakkındaki düşüncelerinin sonuçları olur.

Hayatının gerçekten rayına oturarak ilerlemesini istiyor musun? O zaman düşünceni değiştir. Kendin hakkında, *Tanrı'ymışsın gibi* düşün, konuş ve davran.

Şüphesiz bu seni çoğu insandan ayıracak. Sana deli diyecekler, küfür içindesin diyecekler, tahammüllerinin sınırlarını aştıklarında, seni çarmıha germeye çalışacaklar.

Bunu, senin kendi illüzyonlarının dünyasında yaşadığını düşündükleri için yapmayacaklar. (Çoğu insan, başkalarının kendi özel dünyalarında yaşamalarından pek rahatsızlık duymaz.) Ama er ya da geç başka insanların da senin gerçeğine çekildiğini görecekler. -*Onlar* için de umut olduğunu gördükleri için. İşte burada insanlar seni engellemeye çalışacaklar. Çünkü burada onları tehdit etmeye başlayacaksın. Sade gerçeğin, sade yaşamın, huzurun, hazzın, kendini ve başkalarını daha fazla sevme gücün, onların entrikalarla dolu yapay yollarından, yapay başarılardan çok daha fazla güzellik, rahatlık, huzur ve sevgi sunacak.

Bu doğrunun insanların çoğu tarafından benimsenmesi, onların yollarının sona ermesi anlamına gelir. Nefretin, kor-

kunun, ırkçılığın, savaşın sonu anlamına gelir. Benim adıma yapılan savaşların, öldürmelerin, lanetlemenin sonu anlamına gelir. Güç yoluyla satın almanın, korku yoluyla sadakatin ve yüz sürmenin sonu anlamına gelir; onların ve sizin bu noktaya kadar yarattıkları dünyanın sonu.

Hazır ol, sevgili ruh. İftiraya uğrayacak, yüzüne tükürülecek, aşağılayıcı isimler takılacak ve toplum dışına itilmeye çalışacaksın. Ve sonunda seni suçlayacaklar, yargılayacaklar, lanetleyecekler. Bunları kendi bildikleri yollarla yapacaklar. Neden? Kendini gerçekleştirdiğin ve insanların Kendilerini gerçekleştirme güçlerini onlara gösterdiğin için.

Tüm bunlara neden göğüs geresin ki?

Çünkü artık dünyanın seni kabul etmesine ve onaylamasına ihtiyaç duymayacaksın. Artık bu dünyanın sana ve başkalarına sundukları doyum vermeyecek. Acının, acı çekmenin, illüzyonun sona ermesini isteyeceksin. Şu andaki dünyanın durumuna artık yeter demek noktasında olacaksın. Çünkü yeni bir dünya istiyorsun. Artık aramayı bırak! Şimdi uygulama zamanı.

Bunu nasıl yapacağımı daha iyi anlamam için yardımcı olur musun?

Evet. Önce kendin hakkındaki En Yüksek Düşünceden başla. Bu düşünceyi her gün yaşadığında ne olacağını hayal et. Ne düşündüğünü, ne yaptığını ve ne söylediğini hayal et ve başkalarının söylediklerine ve yaptıklarına nasıl tepki verdiğini hayal et.

Bu hayallerle, şimdiki düşüncelerin, yaptıkların ve söylediklerin arasındaki farkı görebiliyor musun?

Evet. Çok büyük fark görüyorum.

İyi. Görmelisin. Çünkü şu anda kendi hakkındaki en yüksek düşünceyi yaşamadığını biliyoruz. Nerede olduğunla nerede olmak istediğin arasındaki farkı gördüğün için değişmeye başla! Bilinçlice düşüncelerini, sözlerini ve aksiyonlarını en yüksek düşüncelerine uyacak şekilde değiştirmeye başla!

Bu olağanüstü zihinsel ve fiziksel efor gerektirecek. An be an her düşünce, söz ve davranışını gözlemlemeyi gerektirecek. Sürekli bilinçli seçimler yapmanı gerektirecek. Tüm bu süreç bilince doğru yoğun bir şekilde yönlenmektir. Bu büyük mücadeleyi göze alırsan farkına vardığın ilk şey, yaşamının yarısını bilinçsiz yaşamış olduğun olacaktır. Bir başka deyişle, düşüncelerini, sözlerini ve davranışlarını nasıl *seçtiğinin*, sonuçlarını deneyimlemeden bilinç boyutunda farkında olmaman demek.

Zaten sonuçları deneyimlediğinde bu kez düşünce söz ve davranışların sonuçlarla ilgisi olmadığını savunmak da bilinçsizlik değil mi?

Bu bilinçsiz yaşamayı durdurmaya çağrıdır. Zamanın başlangıcından bu yana ruhunun sana yaptığı çağrı doğrultusunda mücadeledir.

Zihni sürekli gözlemlemek çok yorucu olmalı?

Olabilir. Ta ki senin ikinci doğan haline gelene dek. Gözlemlemek gerçekten de senin ikinci doğandır. Koşulsuz sevmek ise birinci doğan. İkinci doğan, birinci doğanı ifade etmeyi seçiyor. Senin gerçek doğanı; bilinçlice.

Özür dilerim ama düşündüğüm, söylediğim, yaptığım her şeyi durmaksızın gözden geçirmek beni sıkıcı bir insan haline getirmez mi?

Asla. Farklı, evet. Sıkıcı, hayır. İsa sıkıcı mıydı? Buda'nın yanında olmak sıkıcı mıydı? İnsanlar onların yakınında olmak için can atıyorlardı. Ustalığa ulaşan hiç kimse sıkıcı değildir. Alışılmışın dışında, belki olağanüstü ama asla sıkıcı değil. Hayatının rayına oturmasını mı istiyorsun?

Olmasını istediğin gibi hayal etmeyle işe başla. Adım adım hayata geçir. Bu hayalle uyum içinde olmayan her düşünceni, sözünü, davranışını gözden geçir. Uyumsuz olanlardan uzaklaş.

Uyum içinde olmayan düşüncelerini *yeni düşünceye* çevir. Hemen yeni düşüncelerinle uyum içinde olmayan sözlerini not al ve bir daha söyleme. Amacına uymayan davranışlarda bulunduğunda, bunu son kez yapmış olduğunun kararını ver.

Bunları daha önce de işittim. Ve daima karşı çıktım. Çünkü bana dürüst gelmiyor.

Kendini çok hasta hissediyorsan, bunu kabullenmemelisin. Cebinde meteliğin yoksa, bunu söylememelisin. Öfkeyi burnundan soluduğun halde göstermemelisin. Bu bana cehenneme gönderilen üç kişi hakkındaki fıkrayı hatırlatıyor. Üç kişinin biri Katolik, biri Yahudi, biri de New Age'ciymiş. Şeytan Katolik'e sormuş: "Sıcağı nasıl buluyorsun?" Katolik içini çekerek "günahlarımdan arınıyorum. Kendimi feda etmem gerek" demiş. Şeytan aynı soruyu Yahudi'ye sormuş: "Sen sıcağı nasıl buluyorsun?" Yahudi yanıt vermiş: "Daha fazla cehennemden başka ne umut edebilirim?" Sonunda şeytan New Age'ciye aynı soruyu yöneltmiş: Ter içindeki New Age'ci "Ne sıcağı?" demiş.

Güzel bir fıkra. Ben sorunu görmezden gelmekten ya da yok saymaktan bahsetmiyorum. Koşullarına dikkat edip, onlar hakkındaki en yüksek gerçeğini dile getirmekten bahsediyorum.

Cebinde beş para yoksa, yok. Bu durum hakkında yalan söylemenin bir anlamı yok. Hatta bu durumunu kabul etmemek için bir hikaye uydurmanın da anlamı yok. Önemli olan beş parasız olmak hakkındaki düşüncedir.

"Beş parasız olmak kötüdür."

"Bu çok korkunç bir durum."

"Ben kötü bir insanım, çünkü çok çalışan ve uğraş veren insanlar iyidir ve asla beş parasız kalmazlar."

Ya beş parasız olmak hakkındaki sözlerin?

"Meteliğe kurşun atıyorum."

"Cebimde metelik yok."

"Hiç param yok."

Bu tür sözler, senin ne kadar süre meteliksiz kalacağını belirliyor. Bu durumdaki davranışların; kendine acımak, hiçbir çaba sarf etmeden oturmak "ne yararı var ki uğraşmanın, nasıl olsa bir şey değişmiyor." diyerek parmağını oynatmamak -bu da uzun vadeli realiteni yaratıyor.

Evren hakkında anlaman gereken ilk şey, hiçbir koşulun "iyi" ya da "kötü" olmadığıdır. Sadece *olan* vardır. Bu nedenle değer yargıları oluşturmaya son ver. İkinci bilmen gereken şey ise *tüm koşullar geçicidir. Hiçbir şey aynı kalmaz, hiçbir şey statik kalamaz. Ne şekilde değişeceği ise sana bağlı.*

Özür dilerim ama burada sözünü kesmek zorundayım. Çok hasta ama dağları devirecek kadar da inancı olan, daha iyi olacağını düşünen, söyleyen ve *inanan*... ve altı hafta sonra da ölen insan için ne dersin? Bu durum, tüm şu pozitif düşünceyle, olumlamalı davranışlarla nasıl bağdaşıyor?

Çok iyi. Zor sorular soruyorsun. Bu çok iyi. Benim sözümü olduğu gibi kabul etmekle yetinmiyorsun. Daha ileride bir noktaya geldiğimizde, sözümü kabul etmek zorunda kalacağın an gelecek. Çünkü eninde sonunda sen ve Ben bu konuyu sonsuza dek tartışabiliriz. Denemekten ya da reddetmekten başka yapacak bir şey kalmadığı noktasına kadar. Ama henüz orada değiliz. Bu yüzden konuşmaya devam edelim. "Dağları devirecek" kadar inancı olan insan altı hafta sonra ölüyor ve altı hafta boyunca dağları deviriyor. Bu onun için yeterli olabilir. Bu kişi son gününün son saatinde şöyle bir karar almış olabilir: "Tamam, artık yeter. Bir başka serüvene gitmeye hazırım." Bu kararı siz bilemezsiniz, çünkü size söylememiştir. Belki de bu kararı çok önceden vermiştir. Günler, haftalar önce. Size söylememiştir. Kimseye söylememiştir.

Ölmeyi istemenin normal karşılanmadığı bir toplum yarattınız. Çünkü siz ölmek istemediğiniz için -koşulları ve durumları ne olursa olsun- *kimsenin* ölmek isteyebileceğine inanamıyorsunuz.

Ama ölümün yaşama tercih edildiği nice durumlar vardır. Bu konu üzerinde birazcık bile düşünsen aklına birçok durum gelir. Fakat ölmeyi seçen kişinin yüzüne bakarken bile bu gerçeği göremiyorsunuz. Ve ölecek olan kişi bunu biliyor. Odada bulunan insanların kendi ölüm kararını kabul etme düzeyini hissediyor. Kaç kişinin, herkes odadan çıktıktan sonra ölmeyi beklediğine hiç dikkat ettiniz mi? Bazıları yakınlarına şunları bile söylüyor: "Hayır iyiyim. Git iki lokma atıştır" ya da "Git biraz uyu, iyiyim. Sabah görüşürüz." Ve sadık bekçi odayı terk ettiğinde, ruh da bedeni terk ediyor. Eğer akrabalarına ve arkadaşlarına "Artık ölmek istiyorum" deselerdi tepkileri ne olacaktı? "Oh, böyle konuşma", "Saçmalama", "Lütfen gayret göster" ya da "Ne olur beni terk etme" olacaktı.

Tıp dünyasındakiler, insanları, onurlu bir şekilde ölmeleri için rahatlatmak yerine onları canlı tutmak için eğitiliyor. Bir doktor ya da bir hemşire için ölüm başarısızlıktır. Bir arkadaş ya da akraba için ölüm felakettir. Yalnızca ruh için ölüm rahatlamaktır, özgürleşmektir.

Ölmek üzere olan bir insana verebileceğiniz en büyük armağan, huzur içinde ölmesine izin vermektir. "Dayanmaları" gerektiğini düşünmeden, acı çekmeyi sürdürmeye katlanmadan ya da hayatlarının en önemli dönüm noktasında *sizin için* endişe etmeden.

Genellikle yaşayacağını söyleyen, yaşayacağına inanan, hatta yaşamak için dua eden insana bunlar olur. Ruh boyutunda o "fikrini değiştirmiştir." Bedeni terk edip, başka amaçlar için ruhunu özgürleştirmenin zamanıdır. Ruh bu kararı verdiğinde, bedenin bu kararı değiştirecek gücü yoktur. Zihnin hiçbir düşüncesi bunu değiştiremez. Ölüm anında beden-zihin-ruh üçlemesinde neyin hakim konumda olduğunu öğreniriz.

Bazen beden ve zihnin, ruhu dinlemediği durumlar vardır. Bu da, tarif ettiğim senaryoyu yaratır. İnsanların yapmakta en çok zorluk çektikleri şey, ruhlarının sesini işitmeleridir. (Dikkat et ne kadar az insan işitebiliyor.)

Sıklıkla, ruh, bedeni terk etme zamanına karar verir. Beden ve zihin (ruhun ebedi hizmetkarları) kararı dinler ve ayrılma süreci başlar. Fakat bazen zihin (ego) kararı kabul etmek istemez. Bu, onun varoluşunun sonu anlamına gelir. Bedene, ölümü engelleme komutu verir. Beden bunu memnuniyetle yapar çünkü o da ölmek istemez. Beden ve zihin (ego) bu çabaları için -kendi yarattığı- dış dünyadan büyük teşvik görür. Ve strateji onaylanır. Bu noktada her şey ruhun ne kadar hazır olduğuna bağlıdır. Ruhun gerçek bir acelesi yoksa "Pekala, kazandınız. Sizinle bir süre daha birlikte olmaya devam edeceğim." kararını verir. Fakat ruh, kendi yüksek planına bu kalışın hiçbir yararı olmadığına (bu beden vasıtasıyla daha fazla gelişemeyeceğine) karar verirse ne olursa olsun bedeni terk edecektir. Hiçbir şey onu durduramaz. Durdurmamalı da.

Ruh, amacının evrim olduğu konusunda çok nettir. Bu, onun *tek* amacıdır. *Ruhun amacı.* Ruh bedenin başarılarıyla ya da zihnin gelişimiyle ilgilenmez. Bunlar ruh için anlamsızdır.

Ruh bedeni terk etmenin büyük bir trajedi olmadığını bilir. Birçok durumda trajedi bedenin *içinde* olmaktır. Ruhun, ölümü farklı gördüğünü anlamalısınız. Tabii ki, "hayatı" da çok farklı görür. İşte bu görüş, insanın yaşamında hissettiği çaresizliklerin ve endişelerin de kaynağıdır. Çaresizlik ve endişe, insanın ruhunu dinlememesinden kaynaklanır.

Ruhumu en iyi şekilde nasıl dinleyebilirim? Eğer ruh patronsa, bu notları danışma ofisinden nasıl alabilirim?

Öncelikle, ruhun neyin peşinde olduğu konusunda -yargılamayı bırakarak- net olmalısınız.

Ruhum hakkında yargılamalar mı yapıyorum?

Sürekli. Demin ölmek istediğiniz için kendinizi nasıl yargıladığınızı size gösterdim. Siz kendinizi yaşamayı istediğiniz için de yargılıyorsunuz. Gülerken, ağlarken, kazanırken, kaybederken kendinizi yargılıyorsunuz. *Özellikle* Haz ve Sevgiyi deneyimlemek isterken kendinizi yargılıyorsunuz.

Öyle mi?

Her nedense, kendinizi haz duyduğunuz şeylerden mahrum etmenin tanrısal olduğuna inanıyorsunuz. Yaşamı kutlamamanın size cenneti getireceğine inanıyorsunuz. Yaşamı yadsımanın "iyilik" olduğuna inanıyorsunuz.

Bunların kötü olduğunu mu söylüyorsun?

Ne iyi ne kötü, yalnızca yadsıma. Kendinizi yadsıyarak iyi hissediyorsanız, bu sizin dünyanızda iyilik demek oluyor. Kendinizi kötü hissediyorsanız, o zaman kötülük oluyor. Çoğu zaman, karar veremiyorsunuz. Onu ya da bunu yadsıyorsunuz, çünkü yadsımanız gerektiğini düşünüyorsunuz. Böyle yapmanız gerektiğini söylüyor, sonrada niye kendinizi iyi *hissetmediğinize* şaşırıyorsunuz.

Yapmanız gereken ilk şey, kendinize karşı bu yargılamaları yapmaktan vazgeçmek. Ruhunuzun arzusunu öğrenin, onun peşinden gidin.

Ruhun peşinde olduğu şey, hayal edebileceğiniz en yüce sevgi duygusudur. Bu ruhun amacıdır. Ruh duygularınızın peşindedir. Bilgi değil duygu. Ruhun zaten bilgisi var, fakat bilgi kavramsaldır. Duygu deneyimseldir. Ruh kendini hissetmek ister. Kendisini, *kendi deneyimiyle* bilmek ister. Deneyimin en yüksek duygusu, Her Şey Olan'la bir olmak deneyimidir. Ruhun açlığını çektiği şey, bu GERÇEĞİN geri dönüşüdür. Bu koşulsuz sevgi duygusudur.

Koşulsuz sevgi, beyazın renklerle ilişkisidir. Çoğunuz beyazı, renk *yokluğu* olarak algılıyorsunuz. Beyaz *varolan* tüm renklerin bileşimidir.

Sevgi de öyle. Sevgi duyguların (nefret, kızgınlık, şehvet,

kıskançlık, şüphe) yokluğu değil, tüm duyguların bileşimidir.

Ruhun koşulsuz sevgiyi deneyimlemesi için, her *insani duyguyu* deneyimlemesi gerekir.

Anlamadığım bir şey için nasıl anlayış gösterebilirim? Benim deneyimlemediğim bir şey için nasıl bir başkasını affedebilirim?

Böylece hem tüm sadeliğiyle hem de olağanüstü boyutta ruhun seyahatini görebiliriz. Neye ulaşmak istediğini anlayabiliriz.

İnsan ruhunun amacı her duyguyu deneyimlemektir. Böylece hepsi olabilsin diye.

Aşağıyı bilmezse yukarısı nasıl olsun, sağı bilmezse sol nasıl olsun? Soğuğu bilmezse sıcağı nasıl bilebilir? *Seçim olmadığından, ruh bir şey olmayı seçemez.* Ruhun harikuladeliği seçmesi için harikuladeliği deneyimlemesi gerek. Her şey yalnızca harikuladelik olsaydı, harikuladeliğin ne olduğunu nasıl deneyimleyebilirdi ki? Harikuladelik ya da yücelik ruh tarafından ancak yüce olmayanın olduğu yerde deneyimlenir. Bu nedenle ruh, yüce olmayanı yargılamaz. Çünkü onda, bir başka boyutunun varolması için, kendisi olan parçasını görür.

Ruhun görevi, yüceliği seçmemiz için bizi teşvik etmektir. Kim olduğunun en iyisini seçmemiz için, seçmediklerinizi yargılamadan sizi teşvik etmek.

Bu büyük bir görev, birçok hayatı kapsıyor. Ama siz seçmediğiniz şeylerin anlayışını kazanmak yerine, "bir şeyi yanlış", "kötü" ya da "yeterli değil" diye yargılamakta acele ediyorsunuz.

Suçlamaktan daha da kötüsünü yapıyorsunuz. Seçmediğiniz şeylere zarar vermek için çaba gösteriyorsunuz. Onu yok etmeye çalışıyorsunuz. Uzlaşmadığınız bir kişi, yer ya da şey olduğunda saldırıyorsunuz. Kendinize karşı gelen bir din varsa, onu yanlış yapıyorsunuz. Size zıt bir düşünce varsa, onunla alay ediyorsunuz. Sizin fikrinizin dışında bir fikir varsa, onu reddediyorsunuz. Burada yanılıyorsunuz çünkü yarım bir evren yaratıyorsunuz. Diğer yarınızı reddettiğiniz için kendi yarınızı bile anlayamıyorsunuz.

Bu söyledikilerin çok derin. Teşekkür ederim. Kimse bana bunları söylemedi. En azından bu sadelikte. Anlamaya çalışıyorum. Gerçekten anlamaya çalışıyorum. Ama bazılarını kavramakta güçlük çekiyorum. Örneğin, "doğruyu" bilmeniz için "yanlışı" sevmeniz gerektiğini söylüyorsun. Bizim şeytanla kucaklaşmamızı mı istiyorsun? Şeytanı nasıl sevebilirim? Onu nasıl iyileştirebilirim?

Tabii ki, gerçekten şeytan mevcut değil. Ama senin seçtiğin deyimle yanıt veriyorum. İyileşme, her şeyi kabul etme sürecidir. Ve en iyisi seçmektir. Bunu anlıyor musun? Eğer seçecek bir şey *yoksa,* Tanrı olmayı *seçemezsin.*

Burada dur. Kim Tanrı olmayı seçmek konusunda bir şey söyledi?

Koşulsuz (mükemmel) sevgi, en yüksek duygu değil mi?

Evet, sanırım.

Tanrı'yı tarif etmek için daha iyi bir şey bulabilir misin?

Hayır, bulamam.

Pekala, ruhun en yüksek duyguyu arıyor. Mükemmel sevgi *olmayı* deneyimlemek istiyor. Tanrı mükemmel sevgidir. Ruh bunu biliyor. Ama bilmekten *daha öte* bir şey istiyor. Ruh *deneyimleyerek O olmak* istiyor.

Tabii ki Tanrı olmayı arıyorsun. Ne aradığını sanıyorsun ki?

Bilmiyorum. Emin değilim. Hiç bu şekilde düşünmemiştim. Çok hafif de olsa bu biraz küfür gibi geliyor.

Enteresan değil mi? Şeytan olmayı istemek hiç de küfür gibi gelmiyor. Ama Tanrı gibi olmayı istemek sizi tehdit ediyor.

Bir dakika! Kim şeytan gibi olmayı istiyor ki?

Sen. Hepiniz. Günahkar doğduğunuzu size söyleyen dinleri bile yarattınız. Hepinizin doğuştan günahkar olduğunuzu söyleyen dinleri. Çünkü kendinize, kendi şeytaniliğinizi kanıtlamak istiyorsunuz. Ama size doğuştan tanrısal olduğunuzu söylediğimde -saf sevgi olan- beni yadsıyorsunuz.

Hayatınız boyunca, kendinizin kötü olduğunuzu kendinize kanıtlamaya çalıştınız. Sadece sizin kötü olduğunuz yetmiyormuş gibi, istediğiniz şeyler de kötü oluyor. Seks kötü, para kötü, haz kötü, güç kötü, çok fazlaya sahip olmak kötü, *her şeyin* çok fazlası kötü. Bazı dinleriniz *dansın, müziğin, hayatı* kutlamanın bile kötü olduğuna sizi inandırdı.

Bir süre sonra *tebessüm etmenin de*, gülmenin de, *sevmenin de* kötü olduğuna inanacaksınız.

Hayır hayır dostum, birçok şeyi anlamayabilirsin, ama bir şey konusunda çok netsin: Sen ve arzu ettiklerinin çoğu *kötüdür*. Kendin hakkında bu yargılamayı yaptıktan sonra, görevinin daha *iyi* olman olduğuna karar verdin.

Benim için fark etmez. Hangi yola girersen gir, aynı yere ulaşacaksın. Sadece daha kısa, daha hızlı yollar da var.

Hangisi?

Kim ve Ne olduğunu şimdi kabul etmek ve uygulamak.

İsa'nın yaptığı bu. Buda'nın, Krishna'nın bu gezegende yaşayan tüm ustaların yolu bu.

Ve her Usta aynı mesajı verdi: "Ben neysem, siz de O'sunuz. Benim yapabildiğimi, siz de yapabilirsiniz. Tüm yaptıklarımı ve daha *fazlasını* siz de yapacaksınız."

Ama dinlemediniz. Daha zor bir yolu seçtiniz. Kendisinin şeytan olduğunu *düşünen*, kendisinin şeytan olduğunu hayal eden yolu.

İsa'nın yolunu seçmenin, Buda'nın öğretilerinin yolunu, Krishna'nın Usta olma yolunun ışığını tutmanın zor olduğunu söylüyorsunuz. Ama size şunu söylüyorum: Kim olduğunuzu yadsımak, Kim olduğunuzu kabul etmekten daha zordur.

Siz iyilik, şefkat, anlayışsınız. Siz huzur, haz ve ışıksınız. Siz affediş ve sabırsınız, güç ve cesaretsiniz, ihtiyaç anında yardımcı, acı anında rahatlatıcısınız, incinme anında iyileştirici, karmaşa anında öğretmensiniz. Siz en derin bilgelik ve en yüksek gerçeksiniz; en büyük barış ve en büyük sevgisiniz. Siz bunlarsınız.

Ve hayatınızın anlarında, kendinizin bunlar olduğunu *bildiniz.*

Şimdi bu olduklarınızı bilmeyi daima seçin.

~4~

Vaaav. Bana ilham veriyorsun.

Eğer Tanrı ilham veremiyorsa, hangi cehennemdeki verebilir?

Hep böyle argo mu konuşuyorsun?

Bunu argo olarak söylemedim. Tekrar oku.

Oh, görüyorum.

Evet. Argo da konuşmam senin için uygun mu?

Bilmiyorum. Tanrı'nın biraz daha ciddi olmasına alışkınım da.

Pekala. Bana bir iyilik yap, Beni sınırlamaya çalışma, Kendine de aynı iyiliği yapsan iyi olur.

Çok şakacı olduğum bir gerçek. Hayatla neler yaptığınızı görerek şakacı olmamam mümkün mü? Bazen gülüp geçmek zorunda kalıyorum. Çünkü her şeyin sonunda nereye varacağını biliyorum.

Ne demek istiyorsun?

Bu oyunda kaybedemeyeceğinizi söylüyorum. Yanlış yapmanız mümkün değil. Hedefinize ulaşamamanız imkansız. Hedefiniz Tanrı olduğu için şanslısınız. *Çünkü Tanrı öylesine büyük ki isabet ettirememeniz olanaksız.*

Evet. Bir şekilde her şeyi karmakarışık hale getirerek Seni görememekten, Seninle olamamaktan endişeleniyoruz.

Cennete gitmeyi mi kastediyorsun?

Evet. Hepimiz cehenneme gitmekten korkuyoruz.

Bu yüzden kendinizi baştan cehenneme koyarak, oraya gitmekten kaçınıyorsunuz. Hmmm. İlginç strateji.

Yine, dalga geçiyorsun.

Kendimi alıkoyamıyorum, ne yapayım. Bu cehennem işi içimdeki vurdum duymazlığı ortaya çıkarıyor.

Tanrı'm, Sen sahici bir *komedyensin.*

Bunun farkına varmanız niye böylesine uzun zaman aldı? Son zamanlarda dünyanın haline hiç baktınız mı?

Bu sözün aklıma bir soru daha getiriyor. Dünyanın cehenneme dönmesine izin vermek yerine neden bir şeyler *yapmıyorsun?*

Sen neden yapmıyorsun?

Benim gücüm yok.

Saçma. Bu dakikada dünyadaki açlığı durdurmak için, bu anda hastalıkları iyileştirmek için gücünüz de yeteneğiniz de var. Sana kendi tıp dünyanızın tedavileri *engellediğini*, alternatif ilaçları ve yolları onaylamayı reddettiğini söylersem ne dersin?

Çünkü alternatif yollar "iyileştirme" mesleğinin yapısına bir tehdit oluşturuyor. Dünya devletlerinin açlığa son vermeyi *istemediğini* söylersem bana inanır mısın?

Buna inanmakta güçlük çekerim. Söylediklerinin çok popüler bir yaklaşım olduğunu biliyorum. Ama sahiden gerçek olabileceğine inanamıyorum. Hangi doktor iyileştirmek istemez ki? Hangi politikacı kendi insanlarının ölmesini ister ki?

Bireysel olarak hiçbiri istemez, doğru. Ama doktorluk ve politika *kurumlaştı*.

Engellemeleri yapanlar bu kurumlar. Bazen kurnazca, bazen farkında olmadan... Ama yapıyorlar. Çünkü kurumlarının yaşaması gerek. Bu onlar için varolma mücadelesi. Sana çok basit ve açık bir örnek vereyim. Batı tıbbı, Doğu tıbbının iyileştirici etkinliğini yadsıyor. Onu kabul etmesi, kendisini oluşturan yapının yıkılması demek olur. Bunu sinsice yapıyor.

Kurum kötü olduğu için değil, korku dolu olduğu için yapıyor. *Tüm saldırılar, yardım çağrısıdır.*

Bunu Mucizeler Kursu'nda okumuştum.

Onu ben yazdırdım.

Tanrım, her şeye de bir yanıtın var.

Bu da bana sorularına yanıt vermeye henüz başlamış olduğumuzu hatırlatıyor. Hayatını nasıl rayına oturtacağın hakkında konuşuyorduk. Ben de yaratma sürecini anlatıyordum.

Evet, sözünü kesip duruyorum.

Bence mahsuru yok ama kaldığımız yerden devam edelim. Çok önemli bir şeyi gözden kaçırmanı istemiyorum: *Hayat yaratıcılıktır, keşif değil.*

Her gün bugün ne keşfedeceğim diye yaşamıyor, yaratmak için yaşıyorsun. Her an realiteni yaratıyorsun. Hem de farkında bile olmadan

Neden böyle olduğunu ve nasıl işlediğini söyleyeyim.

1. Sizi Tanrı'nın suretinde ve benzerinde yarattım.

2. Tanrı yaratıcıdır.

3. Siz üçlemesiniz. Bu üçlemeye istediğiniz adı verebilirsiniz: Baba, Oğul, Kutsal Ruh; zihin, beden, ruh; süper bilinç, bilinç, bilinçaltı.

4. Yaratmak varlığınızın bu üç boyutuyla oluyor. Bir başka deyişle üç boyutta yaratıyorsunuz.

Yaratma sürecinin araçları ise: düşünce, söz ve davranış.

5. Yaratmak düşünceyle başlar. Söze dönüşür. Aksiyonla hayat bulur.

6. Düşündüğün ama asla ifade etmediğin şey bir boyutta yaratır. Düşündüğün ve söylediğin, bir başka boyutta yaratır. Düşündüğün, söylediğin ve yaptığın, realitende gerçekleşir.

7. Gerçekten inanmadığın bir şeyi düşünmek, söylemek

ve yapmak imkansızdır. Bu nedenle yaratma süreci inancı ya da bilmeyi içermelidir. Bu inanç, ümit etmenin *ötesindedir. Kesinlikle bilmek* demektir. Bu yüzden yaratma sürecinde yapma bölümü daima bilmeyi içerir. Bu, içinizde netlikle hissetmek, tam anlamıyla emin olmak, bir şeyi *realite olarak* tümüyle kabul etmek anlamına gelir.

8. Bilmek, yoğun şükran duygusunun olduğu yerde olur. Şükran, önceden teşekkür etmektir. İşte bu yaratıcılığın en büyük anahtarıdır; yaratılacak olan için *önceden* memnuniyet duymak, önceden bilmek. Bu, Ustalığın göstergesidir. Tüm Ustalar *önceden bir şeyin olduğunu bilir*. (Olmuş olarak görür.)

9. Yarattığınız her şeyi kutlayın ve zevk alın. Yarattıklarınızın bir kısmını reddetmek, kendinizin bir kısmını reddetmeniz demektir. Şu anda yaşamınızda kendini gösteren ne olursa olsun, siz yarattığınız için sahiplenin ve teşekkür edin. Yargılamayın. "Allah Kahretsin" demeyin. Çünkü kendinizi kahretmiş olursunuz.

10. Eğer yarattıklarınızın bazılarından haz almıyorsanız, kutsayın ve değiştirin. Yeniden seçin. Yeni bir realiteyi seçin. Yeni bir fikri düşünün. Yeni bir söz söyleyin. Yeni bir şey yapın. Bunu harikulade bir biçimde yapın. Başkaları da sizi takip edecektir. İsteyin. Çağırın.

Tanrı'nın iradesi olan "Dünyada Cennetin gerçekleşmesi" işte böyle olur.

Bu o kadar basitse, tüm ihtiyacımız bu on basamaksa, neden çoğumuz için bu yol işlemiyor?

İşliyor. *Hepiniz* için. Bazılarınız "sistemi" bilinçli olarak, tüm farkındalıkla kullanıyorsunuz, bazılarınız bilinçsizce, ne yaptığınızı bile bilmeden kullanıyorsunuz.

Kiminiz uyanık yürüyorsunuz, kiminiz uyurgezersiniz. Ama *hepiniz* kendi realitenizi yaratıyorsunuz. Size verdiğim güçle, anlattığım yolla sürekli yaratıyorsunuz.

Hayatının ne zaman "rayına oturacağını" sordun. Ben de yanıtını verdim.

Hayatının rayına oturması için önce düşüncelerinde netleş. Ne olmak, yapmak ve sahip olmak istediğini düşün. Netleşene kadar sıklıkla düşün. İyice netleştiğinde *başka bir şey düşünme*. Başka olasılıkları hayal etme.

Zihinsel yapından olumsuz düşünceleri temizle. Karamsar olmayı bırak. Şüphelere yer verme. Korkularını yen. Yaratıcı düşünceni zihninde tutmak için disiplin geliştir.

Düşüncelerin netleştikçe ve süreklilik kazandıkça, onları gerçeğin olarak ifade et. Yüksek sesle söyle. Yaratıcı gücü yönlendir, emir ver. "Ben" sözü en güçlü yaratıcı söylemdir. "Ben" dedikten sonra eklediğiniz her şeyi evren size getirir. Bu deneyimleri size getirecek hareketi başlatır.

Evren başka türlü işlemeyi bilmez. Başka yolu yoktur. Evren Ben'e şişedeki cin gibi yanıt verir.

"Şüphelerinden kurtul, korkularını yen, karamsarlığı bırak" derken "Bana bir ekmek al" der gibi konuşuyorsun. Bunların yapılması, söylenmesi kadar kolay değil. "Zihinsel yapından negatif düşünceleri arındır" demek, "öğleden önce Everest'e tırman" demeye benziyor.

Düşüncelerinizi kontrol etmek göründüğü kadar zor değil. (Everest'e tırmanmak da öyle) Bu bir disiplin meselesi. Bu bir niyet sorunu. Düşüncelerinizi kontrol etmenin birinci basamağı: *ne düşündüğün üzerinde düşün*. Kendini olumsuz düşünürken yakaladığında, yeniden *düşün*. Kendinin zor durumda olduğunu düşündüğünde, bunun hiçbir işe yaramadığını düşündüğünde yeniden *düşün.* Dünyanın olumsuzluklarla dolu kötü bir yer olduğunu düşünüyorsan, yeniden *düşün.* Hayatının kördüğüm olduğunu, asla düzene giremeyeceğini düşünüyorsan, yeniden *düşün.*

Bunu yapmak için kendini eğitebilirsin. (Bak, bunu yapmamak için kendini ne güzel eğittin)

Teşekkürler. Bana bu süreç hiç bu kadar net açıklanmamıştı. Keşke söylenildiği kadar kolay olabilseydi. Ama şimdi hiç olmazsa daha net anladım -sanırım.

Eğer tekrar edilmesine rağmen ihtiyaç duyuyorsan çok hayatlar boyu imkan var.

~5~

Tanrı'ya giden gerçek yol hangisi? Bazı yogilerin inandığı gibi dünyadan elini eteğini çekmek mi? Ya acı çekmek? Bazı çilecilerin söyledikleri gibi Tanrı'ya giden yol acı ve hizmet yolu mu? Birçok dinlerin öğrettiği gibi 'iyi olmak'la mı cennete gitmeye hak kazanıyoruz? Yoksa birçok New Age'cilerin söylediği gibi özgürce istediğimizi yaparak, kuralları çiğneyerek, tüm geleneksel öğretileri reddederek Nirvana'ya ulaşabilir miyiz? Hangisi? katı ahlaki standartlar mı, istediğini yapmak mı? Hangisi? Geleneksel değerler mi, kendi değerlerini yaratmak mı? Hangisi? On emir mi, yoksa Aydınlamanın Yedi basamağı mı?

Ya öyle ya böyle olmaya gerek duyuyorsun, değil mi? Bunların hepsi olamaz mı?

Bilmiyorum. Sana soruyorum.

En iyi anlayabileceğin şekilde sana yanıt vereceğim. Ama sana yanıtın kendi içinde olduğunu söylüyorum. Benim sözümü işitmek isteyen, Benim Gerçeğimi arayan herkese bunu söylüyorum.

İçtenlikle "Tanrı'ya giden yol hangisi?" diye soran yüreğe yol gösterilir. Her birine yürek dolusu Gerçek verilir. Bana

Yüreğinin yoluyla ulaşabilirsin, zihinsel yolculukla değil. Beni asla zihninde bulamazsın.

Tanrı'yı gerçekten bilmek için, aklını "kaybetmek" zorundasın. Ama sorun bir yanıt almak için yalvarıyor. Sorunun yanıtını sana vereceğim.

Seni şaşırtacak bir sözle başlayacağım. Bu birçok insanı rahatsız edecektir. *On emir diye bir şey yok.*

Oh, Tanrım gerçekten yok mu?

Hayır yok. Kime emir vereceğim ki? Kendime mi? Ve böyle emirler niye gerekli olsun ki? Eğer emirleri ben verseydim, onlar otomatikman uygulanmayacak mıydı?

Nasıl, bir şeyin olmasını çok istediğim için emir veririm-sonra da oturup uygulanmadığını seyrederim?

Nasıl bir kral, nasıl bir yönetici bunu yapardı?

Ama ben ne kralım ne de yönetici. Ben yalnızca Yaratıcıyım. Yaratıcı yönetmez, yalnızca yaratır, yaratır ve yaratır. Sizi kendi suretimde ve kendi benzerliğimde yarattım ve kutsadım. Size bazı sözler verdim. Benimle bir olduğunuzda nasıl olacağınızı size yalın bir dille anlattım.

Musa da tıpkı senin gibi içten bir arayış içindeydi. Tıpkı senin gibi, O da Benden yanıt bekliyordu. "Oh, Tanrı'm" diye sesleniyordu. Bana kendini göster. Bana bir işaret ver ki halkıma söyleyebileyim. Bizim seçilmiş olduğumuzu nasıl bilebiliriz?

Ve Musa'ya geldim, şu anda sana geldiğim gibi yüce anlaşmayla -ebedi sözle- geldim. "Nasıl emin olabilirim?" diye sordu Musa. "Çünkü sana söylüyorum. Bu tanrı sözüdür." dedim.

Tanrı sözü emir değil, taahhüttü. İşte taahhüt.....

ON TAAHHÜT

Kendinde bu *değişimleri,* bu işaretleri gördüğünde Tanrı yolunda olduğunu *bileceksin.* Tanrı'yı *bulduğunu bileceksin:*

1. Tanrı'yı tüm yüreğinle, tüm aklınla, tüm ruhunla seveceksin. Benden önce başka Tanrı olmayacak. Artık insan sevgisine, başarıya, paraya, güce veya herhangi bir sembole tapınmayacaksın. Bunları çocuğun oyuncaklarını bir yana koyduğu gibi bırakacaksın. Onlar değersiz olduğu için değil, onlarla oynamayı istemeyecek kadar *büyüdüğün için.*

Ve Tanrı yolunda olduğunu bileceksin çünkü:

2. Tanrı'nın adını boş yere kullanmayacaksın ufak tefek şeyler için de Beni çağırmayacaksın. Sözlerin ve düşüncelerin *gücünü* anlayacaksın. Ve Tanrı'nın adını hiç de tanrısal olmayan şeyler adına kullanmayı düşünmeyeceksin. Benim adımı boş yere kullanmayacaksın. Çünkü *kullanamazsın.* Adım -"Büyük Ben" *asla* boş yere (sonuçsuz) kullanılamaz. Tanrı'yı bulduğunda bunu da bileceksin.

Ve sana başka işaretler de vereceğim.

3. Bir gününü bana ayırmayı unutmayacaksın. Bu güne kutsal gün diyeceksin. Böylece illüzyonunda uzun süre kalmadan Kim ve Ne olduğunu hatırlayacaksın. Daha sonra da her günün her anın kutsal olduğunu anlayacaksın.

4. Anne ve babana saygı duyacaksın. Düşündüğün, söylediğin ve yaptığın her şey de Ana/Baba Tanrı'ya saygı duyduğunda kendinin de Tanrı'nın çocuğu olduğunu *bileceksin.* Ana/Baba Tanrı ve dünyadaki anne-babanı (onlar da sana hayat verdiler) saydığında, herkese saygı duyacaksın.

5. Kimseyi öldürmediğinde Tanrı'yı bulduğunu bileceksin. Hiçbir şekilde hiçbir hayata son veremeyeceğini bilmene rağmen (tüm hayat sonsuzdur) hiçbir canlı varlığı (neden-

siz) öldürmeyi seçmeyeceksin. Hayata duyduğun saygı, *tüm* yaşam formlarına saygı duymanı sağlayacak. Buna bitki, ağaç ve hayvanlar da dahil.

6. Sevginin saflığına dürüstsüzlük ve kandırmacayla tecavüz etmeyeceksin. Tanrı'yı bulduğunda, *bu zinayı* yapmayacaksın.

7. Kendine ait olmayan bir şeyi almayacak, aldatmayacak, kandırmayacak, hiçbir şeye zarar vermeyeceksin. Çünkü bu çalmak olur. Sana söz veriyorum Tanrı'yı bulduğunda, *çalmayacaksın.*

8. Doğru olmayan bir şey söylemeyeceksin, yalancı şahitlik yapmayacaksın.

9. Komşunun eşine göz dikmeyeceksin. *Tüm* diğerlerinin senin eşin olduğunu bildiğinde *komşunun* eşini neden isteyesin ki?

10. Komşunun malına göz dikmeyeceksin. Her şeyin senin olabileceğini bildiğinde ve tüm malının dünyaya ait olduğunu bildiğinde neden komşunun malına göz dikesin ki?

Bunları uyguladığını kendin de gördüğünde, Tanrı'ya giden yolu bulmuş olduğunu bileceksin. Tanrı'yı gerçekten arayan insanın bunları yapmayı düşünmeyeceği konusunda söz veriyorum. Bunlar senin *özgürlüklerin, kısıtlamaların* değil. Bunlar benim *taahhütlerim, emirlerim* değil. Tanrı, Kendi Yarattıklarına emretmez. Bunlar bir emir değil, Tanrının, çocuklarına ".eve döndüklerini" bildirme yoludur.

Musa içtenlikle "Nasıl bileceğim? Bana işaret ver" diye sordu. Aynı soruyu sen de, zamanın başlangıcından beri birçok insan da sordu. Yanıtım daima aynı oldu. Ama asla emir vermedim. Kime emir vereceğim? Ve emirlerime uyulmazsa kime ceza vereceğim? Yalnızca Ben varım.

Yani cennete gitmek için On Emir'e uymak zorunda değilim.

"Cennete gitmek" diye bir şey yok. Zaten orada olduğunuzu bilin. Bu bir çaba ya da çabalamak değil, bir kabulleniştir, anlayıştır. Çoğu insan olmak istedikleri yere ulaşmak için, bulundukları yeri terk etmeleri gerektiğini sanır. Bu seyahatin tüm amacını ortadan kaldırır. İnsanlar cennete gitmek için cenneti terk ediyorlar ve cehennem hayatından geçiyorlar. Aydınlanma, gidilecek bir yerin olmadığını, yapman gereken, olman gereken olmadığını (şu anda olduğun gibi olmanın dışında) anlamaktır.

Hiçbir yere gitmiyorsun.

Cennet dediğin şey hiçbir yerde. Yalnızca şimdi ve burada.

Herkes böyle söylüyor! Herkes! Bu da beni deli ediyor! Eğer cennet şimdi ve burada ise ben niye görmüyorum? Neden hissetmiyorum? Neden dünya böylesine karmaşa içinde?

Sinirini anlıyorum. Bu söylenenleri anlamaya çalışmak en az birisinin bunları anlamasına çalışmak kadar sinirlendirici.

O, oh! Bir dakika! Tanrı'nın da sinirlenebileceğini mi söylemeye çalışıyorsun?

Senin deneyimlediğin bir şeyi benim deneyimleyemeyeceğimi mi sanıyorsun?

Sana söyleyeyim: Deneyimlediğin her şeyi Ben de deneyimliyorum. Senin vasıtanla Kendimi deneyimlediğimi hala anlayamıyor musun? Tüm bunların niçin olduğunu sanıyorsun? Sen olmasaydın, Ben Kendimi bilemezdim. Kendimi bilmek için seni yarattım.

Bir çırpıda Benim hakkımdaki tüm illüzyonlarını yıkmak istemem. Sana şunu söyleyeyim: Senin Tanrı dediğin en yüce formumda, sinirli olmayı deneyimlemiyorum.

Oh, bu daha iyi. Bir an için beni korkuttun.

Bu sinirlenemediğim anlamına gelmez. Sadece sinirlenmeyi seçmiyorum. Sen de aynı seçimi yapabilirsin. Sinirli olsam da olmasam da hala neden cenneti şimdi ve burada deneyimleyemiyorum. Bilmediğin şeyi deneyimleyemezsin. Deneyimlemediğin için de "cennette" olduğunu bilmiyorsun. Gördüğün gibi bu senin için kısır döngü.

Aydınlanma, deneyimlemediğin şeyi bilerek, onu deneyimlemektir. Bilmek, deneyim kapısını açar. Sen ise bunun tersini düşünüyorsun.

Gerçekte, deneyimlediğinden çok daha fazlasını biliyorsun. Ama bildiğini bilmiyorsun.

Örneğin, bir Tanrı olduğunu biliyorsun. Ama bunu bildiğini bilmiyorsun. Bu yüzden deneyimi bekleyip duruyorsun. Oysa her an deneyimliyorsun. Bunu bilmediğin için de deneyimlemediğini sanıyorsun.

Yine kısır döngüdeyiz yani, daire çizip duruyoruz.

Evet. Dairenin etrafında dolanıp durmaktansa, belki de dairenin kendisi olmalıyız. Kısır döngü dairesi değil, yüce daire.

Feragat, gerçek bir spritüel yaşam için gerekli mi?

Evet, çünkü sprit eninde sonunda gerçek olmayanı bırakır. Yaşamınızda, Benimle ilişkiniz haricinde hiçbir şey gerçek değil. Ama *feragatin klasik anlamı olan "Kendini Yadsıma" gerekli değildir.* Gerçek Usta bir şeyden "vazgeçmez". Gerçek Usta, kullanımda artık yarar görmediği şeyleri bir kenara koyar.

Bazılarınız, arzularınızı yenmeniz gerektiğini söylüyor. Ben ise değiştirin diyorum. İlki yorucu bir egzersize, ikincisi zevkli bir spora benziyor.

Bazılarınız Tanrı'yı bilmek için tüm dünyevi isteklerinizden vazgeçmeniz gerektiğini söylüyor. Oysa onları anlamak ve kabul etmek yeterlidir. *Direndiğiniz şey, daha da kalıcı olur. Farkındalıkla gözlemlediğiniz şey ise kaybolur.*

İçtenlikle tüm arzularının üstesinden gelmeye çalışan kimseler öylesine çaba gösteriyorlar ki bu kez de çabaları arzuları haline geliyor. Onlarda "Tanrı'yı bilme arzusu" var. Ama arzu arzudur. Birinin diğerinin yerini alması arzuyu yok etmez.

Bu nedenle arzu duyduğunuz şeyleri yargılamayın. Sadece dikkat edin, kim ve ne olmak istediğinize hizmet edip etmediğini sorgulayın. Unutmayın, sürekli kendinizi yaratıyorsunuz. Her an kim ve ne olduğunuza karar veriyorsunuz. Bu kararı seçimlerinizle ve neye arzu duyduğunuzla veriyorsunuz.

Sıklıkla, spritüel yolda dediğiniz kişi, tüm dünyasal arzularından vazgeçmiş, tüm insani arzularından arınmış gibi görünüyor. Oysa bu kişinin yaptığı şey anlamak, illüzyonu görmek, kendisine hizmet etmeyen arzuları bir kenara itmiş olmak. O ana kadar kendisine sunduğu deneyimler için illüzyonlarını sevmek. Bu da ona tümüyle özgür olma şansını getiriyor.

Arzu, olanı aksiyona çevirmenin sevgisidir. Yaratma motorunun benzinidir. Kavramları deneyimlere dönüştürendir. Arzu, gerçekten kim olduğumuzu ifade etmek için gereken ateşlemedir. Arzuyu yadsımayın. Yadsımak, Kim olduğunuzu ve Gerçekten Kim Olmak İstediğinizi de yadsımaktır.

Feragat arzuları reddetmek değil, sonuçlara bağımlı olmayı reddetmektir. Arzu bir şeyi yapmanın sevgisidir. Yapmak, olmanın *deneyimlenmesidir*. Fakat genellikle yaparken ne yaratılır? *Beklenti.*

Yaşamanızı *beklentisiz* yaşamak, belirli sonuçlara ihtiyaç duymaksızın yaşamak..... İşte *bu* özgürlüktür. Bu tanrısallıktır. İşte Ben böyle yaşıyorum.

Sonuçlara bağımlı değilsin?

Kesinlikle hayır. Ben yaratmaktan haz duyuyorum, sonrasından değil. Feragat, aksiyondan vazgeçme kararı değildir. Belirli bir *sonuç* alma ihtiyacından vazgeçme kararıdır. Arada büyük fark var.

"Arzu, olanı aksiyona çevirmenin sevgisidir" sözünü açar mısın?

Olmak, varoluşun en yüce halidir. Olmak saf özdür. Tanrı'nın "şimdi-şimdi değil", "hepsi-hiçbiri", "daima-asla" boyutudur. Saf oluş, Saf Tanrı'dır. Fakat sadece *olmak* bize asla yeterli gelmedi. Daima Kim Olduğumuzu *deneyimleme* isteği duyduk. Bu da yüceliğin bir başka boyutu olan 'yapmak'ı, gerekli kılıyor.

Diyelim ki sen, harikulade Benliğinin özünde yüceliğin bir boyutu olan Sevgisin. (Bu, gerçekten senin Gerçeğin.)

Şimdi sevgi olmak bir şeydir, sevgiyle bir şey yapmak başka şeydir. Ruh olduğu şeyle bir şeyler yapmak için açlık duyuyor çünkü kendisini deneyimle bilmek ister. Ve kendisini aksiyonla gerçekleştirme yolları arar.

Bu dürtüye arzu deniliyor. Arzuyu öldürdüğünde Tanrı'yı öldürürsün. Arzu, Tanrı'nın "merhaba" deme isteğidir.

Fakat Tanrı (ya da içinizdeki Tanrı) sevecen bir şey yaptığında, Tanrı kendisini gerçekleştirmiş oluyor. Ve artık daha fazlasına ihtiyaç duymuyor.

İnsan ise, genellikle yatırımının *geri dönüşüne* ihtiyaç duyuyor. Birisini sevmek güzel ama ondan da sevgiyi geri almamız lazım.

Bu arzu değil, beklentidir.

İşte bu beklenti, insanın mutsuzluğunun kaynağı. İşte bu insanı Tanrı'dan ayıran şey. Feragat eden kişi Tanrı'yla ayrılığına, bazı Doğu mistiklerinin "samadhi" dediği deneyimle son vermek istiyor. Bu Tanrı'yla birleşmek, bir olmak, Tanrı'nın içinde erimek anlamına geliyor.

Feragatçı asla arzularından vazgeçmez. Sonuçlarına bağımlılıktan vazgeçer. Usta, sezgisel olarak arzunun yol olduğunu bilir. Arzu kendini gerçekleştirmenin yoludur. Dünyasal terimlerle bile, hiçbir şey için arzu duymuyorsanız, yaşamıyorsunuz demektir.

"Direnilen şey kalır, bakılan şey kaybolur" dedin. Bunu açıklar mısın?

Gerçek olarak görmediğiniz bir şeye karşı direnmezsiniz. Hayali bir şeye direnmek, onu gerçek kılar. Bir düşünceye direndiğinizde, o düşünceye enerji verirsiniz. Direnciniz arttıkça, onu daha da "gerçek" kılarsınız, direnmek yerine! Gözlerinizi açıp baktığınız şey ise kaybolur, yok olur. Yani *illüzyon formunu sürdüremez.*

Bir şeye baktığınızda, -gerçekten baktığınızda- onun illüzyonlarını görürsünüz. Ve illüzyonların ardındaki gerçek görünür hale gelir. Gerçeğin olduğu yerde, illüzyonun gücü yoktur. Sizi kendisine bağlayamaz.

Gerçeği gördüğünüzde, gerçek sizi özgürleştirir.

Peki ya baktığın şeyin kaybolmasını istemiyorsan?

Daima istemelisiniz. İllüzyona tutunamazsınız. Ama illüzyonu gerçeğe tercih ediyorsanız, yeniden yaratabilirsiniz. Tıpkı daha önce yarattığınız gibi. Ama hiçbir şeye direnmeyin. Direnmekle onu yok edeceğinizi sanıyorsanız, tekrar düşünün. Yoksa onu daha da "gerçek" kılarsınız. Size her düşüncenin yaratıcı olduğunu söylemedim mi?

Bir şeyi istemediğimi söyleyen düşünce de mi?

İstemiyorsan niye düşünüyorsun? İlle de düşünüyorsan -düşünmemeyi düşünemiyorsan- o zaman direnme. Ona doğrudan bak. Realiteyi, kendi yarattığın olarak kabul et. Sonra tutmayı ya da bırakmayı seç.

Bu seçime yön verecek olan ne?

Kim ve Ne Olduğunu düşündüğün ve Kim ve Ne Olmayı seçtiğin.

Tüm seçimleri yapan budur. Hayatın boyunca yaptığın ve yapacağın tüm seçimleri bu yönlendirir.

O zaman feragatçının yaşamı doğru olmayan bir yol mu?

Bu doğru değil. 'Feragat'a çok yanlış anlam yüklüyorsunuz. Gerçekte hiçbir şeyden feragat edemezsiniz. Çünkü direndiğiniz şey kalıcı hale gelir. Gerçek feragatçı, feragat etmez, sadece farklı seçim yapar. Bu bir şeye doğru yönelmektir, bir şeyden uzaklaşmak değil.

Bir şeyden uzaklaşamazsınız, çünkü sizi cehenneme kadar takip eder. Bu nedenle arzularınıza direnmeyin. Yalnızca Bana doğru yön değiştirin. Şunu bilin: Doğru olmayan yol yoktur. Çünkü bu yolculukta "gideceğiniz" yere ulaşmamanız mümkün değil.

Sadece yollar arasında hız farkı var. Ne zaman ulaşacağınızın farkı. Ama o da bir illüzyon. Çünkü "ne zaman" yok, "önce" ve "sonra" da yok. Yalnızca "sonsuz şimdi" var; Kendinizi deneyimlediğiniz daimanın sonsuz anı.

O zaman ne önemi var? Oraya gitmememiz mümkün değilse, yaşamın amacı ne? Yaptığımız herhangi bir şey için niye endişe duyalım?

Tabii ki duymamalısınız. Ama gözlemci olmak, sizi iyi hissettirir. Sadece kim ve ne olduğuna, yaptığına, sahip olduğuna ve sana hizmet edip etmediğine dikkat et.

Yaşamın amacı bir yere varmak değil, zaten orada her zaman olmuş olduğunun ve olacağının farkında olmandır. Daima ve sonsuza dek saf yaratma anındasın. Bu yüzden yaşamın amacı yaratmak. Kim ve Ne Olduğunu yaratmak ve deneyimlemek.

~6~

Acı çekmek, Tanrı'ya giden bir yol mu? Bazıları bunun *tek* yol olduğunu söylüyor.

Acı çekilmesinden hoşlanmıyorum. Acıdan hoşlandığımı söyleyen, Beni bilmiyor. Acı çekmek, insan deneyiminin gereksiz bir boyutu. Sadece gereksiz değil, aynı zamanda hem bilgece değil hem de rahatsızlık verici, sağlığınıza da zararlı.

O zaman niye bu kadar acı var? Eğer Tanrı'ysan ve hoşlanmıyorsan niye son vermiyorsun?

Size acıya son vermeniz için gerekenleri verdim. Ama siz, verdiğim araçları kullanmayı reddediyorsunuz.

Acı çekmenin olaylarla ilgisi yoktur; acıyı yaratan, olaylara gösterdiğiniz tepkilerdir.

Olan her şey, yalnızca oluyor. Olanlar hakkında ne hissettiğiniz ise size bağlı.

Size acıyı azaltmak, hatta *yok etmek* için olaylara göstereceğiniz tepkilerin araçlarını verdim ama kullanmadınız.

Özür dilerim ama neden *olayları* yok etmiyorsun?

Çok iyi bir öneri. Maalesef bu benim kontrolüm dışında.

Olaylar üzerinde *kontrolün yok* mu ?

Tabii ki yok. Olaylar, uzay-zaman boyutunda yaptığınız seçimlerin ürünüdür. Seçimlerinize asla karışmam. Bunu yapmam, sizi yaratma nedenini ortadan kaldırmış olur. Ama bu konuyu daha önce açıklamıştım.

Bazı olayları iradenizle yaratıyorsunuz, bazı olayları kendinize çekiyorsunuz (bilinçlice ya da bilinçsizce). Büyük felaketler dediğiniz doğal olaylar da bu kategoriye giriyor. Buna "kader" diyorsunuz. "Kader" sözcüğünü "her yerdeki düşünceler"le aynı anlamda kullanabilirsiniz.

Bir başka deyişle gezegenin bilinci de oluyor kader.

"Toplu Bilinç"

Evet, aynen.

Dünyanın cehenneme dönüşeceğini iddia edenler de var. Ekolojimiz ölüyor. Gezegenimizi büyük jeofiziksel felaketler bekliyor. Zelzeleler, volkan patlamaları. Hatta Dünya'nın yörüngesinden sapması. Bir yandan da kolektif bilincin (toplu bilincin) tüm bunları değiştirebileceğini söyleyenler var. Dünyayı düşüncelerimizle kurtarabileceğimiz söyleniyor.

Aksiyona geçen düşüncelerle. Eğer dünyanın her yerinde yeterince insan çevre konusunda bir şeyler yapması gerektiğine inanıyorsa, Dünya'yı kurtarabilirsiniz. Ama acele etmek zorundasınız. Uzun süredir, zaten o kadar çok zarar verildi ki. Bu çok büyük bir davranış değişimini gerektiriyor.

Eğer yapmazsak, Dünya'nın ve üzerindeki canlıların yok olduğunu mu göreceğiz?

Fiziksel evren yasalarını herkesin anlayabileceği netlikte yaptım. Neden-sonuç yasaları bilim insanlarınız, fizikçiler tarafından yeterince açıklandı ve bu yasaları, dünya liderlerinize de anlattılar. Yasaları yeniden burada tekrar etmenin gereği yok.

Acı çekme konusuna dönelim. Acı çekmenin *iyi* olduğu fikrine kendimizi nasıl inandırdık? Azizlerin sessizce acı çekmesi gibi.

Azizler "sessizce acı" çeker ama bu acı çekmenin iyi olduğu anlamına gelmiyor.

Ustalık okulunun öğrencileri sessizce acı çeker. Çünkü acı çekmenin Tanrı'nın yolu olmadığını bilir. Bunu Tanrı yolunda hala bir şeyler *öğrenmeleri,* bir şeyleri hatırlamalarının bir işareti olarak görür.

Gerçek Usta asla sessizce acı çekmez. Yalnızca şikayet etmeden acı çekiyormuş gibi görünür. Gerçek Usta'nın şikayet etmemesinin nedeni *acı çekmemesidir.* O sizin "acı çekmeden" dediğiniz durumları deneyimler.

Usta, acıdan bahsetmez. Çünkü *Söz'ün gücünü bilir.* Ve bu konuda *söz* söylememeyi tercih eder.

Odaklandığımız şeyi gerçek kılarız. Usta bunu bilir. Usta, gerçek kılmayı seçtiği seçimlere odaklanır. Bunu hepiniz zaman zaman yapıyorsunuz. Aranızda karar vererek baş ağrısını geçirmeyen ya da dişçi koltuğunu daha az acılı hale getirmeyen tek kişi bile yok.

Usta, aynı kararı daha büyük konularda da verebilen kişidir.

Ama neden acı çekme *olasılığı* var?

Daha önce açıkladığım gibi, bir şeyin zıddının yokluğunda, varolanı da bilemezsin.

Hala acı çekmenin iyi olduğu fikrini nereden edinmiş olduğumuzu anlayamıyorum.

Bu soruda ısrarlı olmakla akıllılık ediyorsun. Sessizce acı çekmenin orijinal bilgeliği öylesine saptırıldı ki şimdi birçok insan *acı çekmenin iyi, hazzın kötü* olduğuna inanıyor. Birçok din de bunu *öğretiyor.* Bu yüzden kanserli bir *erkek* sessizce acı çektiğinde ona "aziz gibi" diyorsunuz. Ama bir *kadın* cinsellikten açıkça haz aldığından bahsediyorsa, cinselliği kutsuyorsa ona "günahkar" damgasını basıyorsunuz.

Vow, dinamit gibi bir konuyu ele aldın ve örneklemendeki (erkek-kadın) vurgulaman dikkatimi çekti.

Evet, size önyargılarınızı göstermek istedim. Bir kadının cinselliği kutsaması bir yana, güçlü bir cinselliği olabileceğini bile düşünmek istemiyorsunuz.
Savaş alanında inleyerek ölen bir erkeği onaylıyor, yatakta inleyen bir kadını onaylamak bir yana yargılıyorsunuz.
Her konuda yargılarla dolusunuz. Sizi haz duymaktan alıkoyan işte bu yargılarınız ve sizi mutsuz kılan beklentileriniz.

Senin doğru söylediğini nereden bileyim? Hatta Tanrı'nın konuştuğuna bile emin değilim. Belki tüm bunlar benim fazlasıyla aktif olan hayal gücüm.

Bunu daha önce de sordun. Cevabım yine aynı olacak. Ne

fark eder? Söylediğim her şey "yanlış" bile olsa, senin düşündüğün daha iyi bir yaşama yolu var mı?

Hayır.

Öyleyse "yanlışın" doğru, "doğrunun" yanlış olabileceğini de düşün.

Çelişkilerinde yardımcı olması için sana, şunu da söyleyeyim: Söylediğim *hiçbir şeye* inanma. Sadece *yaşa* ve *deneyimle*. Daha sonra *deneyimine* bakarak kendi doğrunu bul.

Bir gün eğer yeterince cesaretiniz varsa, sevişmenin savaşmaktan daha iyi olarak deneyimlendiği bir dünya yaratacaksınız.

İşte o gün hazzı tanıyacaksınız.

~7~

Hayat çok korkutucu ve çok karışık. Keşke her şey daha net olabilseydi.

Eğer sonuçlara bağımlı değilsen, hayatta hiçbir şey korkutucu olamaz.

Yani hiçbir şey istemezsen?

Evet. Seç fakat isteme.

Kimsenin kendisine bağımlı olmadığı insanlar için bu kolay. Ama ya karın ve çocukların varsa?

"Aile reisliği" yolunu seçmek zor bir seçimdir, çok mücadeleyi gerektirir. Onlara, istediğin şeyleri verememek üzüyor. Güzel bir ev, iyi giysiler, bol yiyecek. Yirmi yıldır iki yakamızın bir araya gelmesi için didinip duruyorum. Yine de ortada görünen bir şey yok.

Maddi zenginliği mi kastediyorsun?

Bir erkeğin çocuklarına bırakabileceği temel şeylerden bahsediyorum. Bir erkeğin karısına verebileceği basit şeyleri kastediyorum.

Evet. Tüm bunları sağlamayı senin görevin olarak görüyorsun. Hayatının böyle olmasını mı hayal ediyorsun?

Hayatımın böyle olmasını istediğimi sanmıyorum. Ama en azından sonuçlarından biri bunlar olabilir.

Pekala, hayatını ne olarak görüyorsun?

İyi bir soru. Yanıtlarım yıllar boyu hep değişti.

Şu andaki yanıtın ne?

Bu soruya iki yanıtım varmış gibi hissediyorum. Görmek istediğim ve gördüğüm yanıt.

Ne görmeyi istiyorsun?

Hayatımı ruhumun gelişimine adamak istiyorum. En sevdiğim boyutumu ifade etmek ve deneyimlemek istiyorum. Şefkatli, sabırlı, verici ve yardımsever yönümü, bilgili ve bilge, affedici... ve sevgi olan boyutumu ifade etmek ve deneyimlemek istiyorum.

Bu kitabı okumuş gibisin.

Evet, ezoterik boyutta güzel bir kitap. Ama bunu nasıl *pratiğe* geçireceğimi bilmeye çalışıyorum. Hayatımda gerçek olarak gördüğüm ise gün be gün varolma mücadelesi.

Oh! Birinin diğerini dışladığını düşünüyorsun.

Yani...

Ezoteriğin yaşamı sürdürme çabasını dışladığını mı düşünüyorsun ?

Gerçek şu ki, sadece yaşamı idame ettirmeye çalışmaktan daha fazlasını yapmak istiyorum. Yıllar boyu sadece *yaşamı sürdürdüm.* Hala aynı yerdeyim. Bu tür yaşamın sona ermesi için *mücadele etmek* istiyorum. Gün be gün yaşamak hala bir mücadele. Sadece kıt kanaat yaşamak değil, bolluk içinde yaşamak istiyorum.

Bolluk senin için ne demek?

Bir sonraki dolarımın nereden geleceği konusunda endişelenmeden yaşamak. Kirayı ödeyebilmek, telefon faturasını yatırabilmek için strese girmemek. Böyle sıradan ve basit konulardan konuşmaktan nefret ediyorum ama, burada *gerçek* hayattan bahsediyoruz, kitapta anlattığın hayatın spiritüellikle romantize edilmiş masalımsı versiyonundan değil.

Burada bir kızgınlık mı işitiyorum?

Kızgınlık değil ama çaresizliğin yarattığı öfke. Yirmi yıldan fazladır spiritüel oyunun içindeyim.

Beni getirdiği noktaya bak. Düşkünler yurdundan bir maaş uzaklıktayım. Şimdi işimi de kaybettim. Paranın akışı *yine* durdu. Mücadele etmekten gerçekten yoruldum. Kırk dokuz yaşındayım. Hayatta biraz *güvencem* olsun istiyorum. Böylece hayatımı Tanrı "meselesine" ve ruhumun "gelişmesine" vb. adayabileyim. Gönlüm bunlarda ama hayatım izin vermiyor...

Çok şey söyledim ve eminim aynı duyguları paylaşan birçok insanın çelişkisini dile getirdim.

Senin gerçeğine cümle cümle yanıt vereceğim. Böylece yanıtı iyice anlaşılır hale getiririz.

"Bu spiritüel oyunu "yirmi yıldır oynamıyorsun. Yalnızca eteklerinde dolaşıyorsun. (Bu bir "tokat" değil, gerçeğin ifadesi.) Yirmi yıldır ona *bakıyorsun, flört ediyorsun, arada bir deneyimliyorsun...*

Ama son zamanlara kadar senin bu oyuna kendini ciddi bir şekilde adadığını hissetmedim.

"Spiritüel oyunda olmak" Kendini, Tanrı'nın sureti ve benzeri olarak yaratmak için tüm ruhunu, tüm zihnini, tüm bedenini adamaktır.

Bu, Doğu mistiklerinin tarif ettiği Kendini Gerçekleştirme sürecidir. Batı teolojisinin "kurtarılma" dediği süreçtir.

Bu, yüksek bilincin gün be gün, her saat, her an, ifade edilme sürecidir. Her an seçme ve tekrar seçme sürecidir. Sürekli yaratıcılıktır. *Bilinçli* yaratıcılık. *Amaçlı* yaratıcılık. Bahsettiğimiz yaratma araçlarını farkındalıkla ve yüce amaçla kullanmaktır.

"Spiritüel oyunu oynamak" işte budur. Şimdi ne kadar zamandır bu oyunu oynuyorsun?

Henüz başlamadım bile.

Bir uçtan diğer uca gitme ve kendine bu kadar gaddar olma. Sürece kendini adadın ve tahmin ettiğinden daha fazla şeyler yaptın. Ama yirmi yıldır bunu yapmıyorsun -hatta bu rakama yakın bile değilsin.

Gerçek şu ki, bu oyunda ne kadar süre olduğun hiç önemli değil. Şimdi oyunun içinde misin? Önemli olan bu.

Evet, devam edelim. Seni "hangi noktaya getirdiğinden" ve "düşkünler evinden bir adım uzakta olmaktan" söz ediyorsun. Ben ise sana baktığımda çok farklı şeyler görüyorum. Zenginler evinden bir adım uzaklıkta bir insan görüyorum! Sen yokluktan bir maaş kadar uzakta olduğunu hissediyorsun, ben senin Nirvana'dan bir maaş kadar uzak olduğunu görüyorum. Tabii, bu "ödemeyi" nasıl gördüğüne ve ne kadar çalıştığına bağlı.

Eğer hayatının şu andaki hedefi "güvence" dediğin şeyi sağlamaksa, neden "düşkünler evinden bir maaş uzakta" olduğunu hissettiğini anlıyorum. Ama bu değerlendirme bile düzeltme gerektiriyor. Çünkü Benim "ödememde" *tüm* iyi şeyler sana gelir. Buna fiziksel hayatta güven duygusu da dahil.

"Ödemelerim", Benim için "çalıştığında" spiritüel rahatlıktan çok daha fazlasını kapsar. *Fiziksel* rahatlık da senin olabilir. Buradaki ironi, Benim ödemelerimin getirdiği spiritüel rahatlık içinde zaten fiziksel rahatlık hakkında endişe etmeyi aklına getirmezsin bile.

Hatta ailenin diğer üyeleri için duyduğun fiziksel rahatlık endişesi bile artık sorun olmayacaktır. Tanrı bilincine yükseldiğinde, başka bir insan ruhu için sorumlu olmadığını da anlayacaksın. Her ruhun rahatlık içinde yaşamasını arzu etsen de, her ruhun kendi kaderini her an çizdiğini unutma.

Bilerek birisine zarar vermek tabii ki yüksek bir davranış değildir. Kendine bağımlı kıldığın kişilerin ihtiyaçlarını karşılamamak da aynı derecede zararlıdır. Görevin, onlara *bağımsız olma* imkanı tanımaktır. *Sensiz de varolabileceklerini* en çabuk ve en mükemmel şekilde onlara öğretmektir.

Yaşamak için sana ihtiyaç duydukları sürece, onlar için

bir armağan olamazsın. Ancak onların senin "gereksiz" olduğunu fark ettikleri an sen de özgürleşebilirsin.

Tıpkı, Tanrı'nın en büyük anının, O'na *ihtiyaç* duymadığının farkında olduğun an olduğu gibi.

Biliyorum, biliyorum... bugüne dek sana öğretilenlerin antitezi. Ama öğretmenleriniz size kızgın bir Tanrı, kıskanç bir Tanrı, ihtiyaç duyulmaya ihtiyaç duyan bir Tanrı olduğunu öğretti. Böyle bir Tanrı olamaz, ancak tapınılması gereken bir nevrotik olabilir.

Gerçek Usta, en çok öğrencileri olan değil, en çok Usta yaratandır.

Gerçek lider, en çok takipçisi olan değil, en çok lider yaratandır.

Gerçek kral, en çok tebaası olan değil, en çok kişiye kraliyet yolunu açandır.

Gerçek öğretmen, en çok bilgiye sahip olan değil, başkalarını da en çok bilgilendirendir.

Gerçek Tanrı, en çok kulları olan değil, en çok kişiye tanrısal olmaları için hizmet edendir.

Bu Tanrı'nın amacı ve yüceliğidir. Tanrı'nın kulları yoktur. O ulaşılamaz değildir ama kaçınılmaz olandır.

Sizin mutlu "kaderiniz" *kaçınılmazdır*. Siz "kurtarılamaz" olamazsınız. Bunu bilmemekten başka cehennem yoktur.

Ebeveyn, eş, dost olarak sevginizi yapışkan kılmayın. Önce mıknatıs gibi çeken, sonra da varolmak için size yapışmaları gerektiğine inananları iten güç olun. Yapışkanlıktan (bağımlılık) daha zararlı bir "gerçek" yoktur.

Sevginiz, sevdiklerinizi dünyaya açan, kim olduklarını dolu dolu deneyimlemelerini sağlayan bir *pervane* olsun. Böyle yaptığınızda gerçekten sevmiş olursunuz.

"Aile reisinin" en büyük mücadelesi bu olmalıdır. Birçok engeller, birçok dünyasal endişeler olacaktır. Bir derviş ya da münzevi bunların hiçbirini sorun etmez. O'na ekmeğini ve suyunu getirin, yatması için samandan bir yatak verin, o her anını duaya, meditasyona adayacaktır.

Yüceliği bu koşullarda görmek ne de kolay! Ne kolay bir görev! Ah, ama ona bir eş ve çocuklar ver! Sabahın üçünde altının değişmesi için yaygarayı basan bebekte yüceliği görmek! Ayın ilk gününde ödenmesi gereken faturalarda yüceliği görmek! Hastalıktan kaybedilen eşte, kaybedilen işte, çocuğun ateşinde, ebeveynin acısında Tanrı'nın elini görebilmek! İşte o zaman azizlikten bahsedebiliriz.

Bıkkınlığını anlıyorum. Mücadeleden yorulduğunu biliyorum. Ama sana şunu söyleyeyim: Beni takip edersen mücadelen kaybolur. Tanrısal boyutunda yaşadığında, olaylar seni yüceleştirecektir. Kesinlikle.

İşimi kaybettim, kirayı ödemek zorundayım, çocukların dişçiye gitmesi gerek. Benim felsefi boyutumun bunları çözmeye yeterli olmadığı anda tanrısal boyutuma nasıl gidebilirim?

Bana en çok ihtiyaç duyduğun anda Benden vazgeçme. Şimdi en büyük sınavını verme zamanı. Tüm bu kitapta yazılanları ispatlama şansı bu.

"Benden vazgeçme" dediğimde, ihtiyaç dolu nevrotik Tanrı gibi algılanabilirim. Ama değilim. Benden istediğin kadar "vazgeçebilirsin" Aldırmam ve bu aramızdaki ilişkiyi değiştirmez. Sadece bunu, sorularını yanıtlamak için söylüyorum. Zor durumda olduğunuzda genellikle *Kim Olduğunuzu*, istediğiniz hayatı seçmeniz için verdiğim araçları unutuyorsunuz.

Şimdi, her zamankinden daha çok tanrısal boyutuna gitme zamanı. Bu, öncelikle sana huzur dolu bir zihin getirecektir. Huzurlu zihinden büyük fikirler doğar. Bu fikirler, sahip olduğunu sandığın en büyük sorunların çözümü olabilir. İkinci olarak, ancak tanrısal boyutunda Kendini gerçekleştirebilirsin. Bu da ruhunun amacı, tek amacıdır.

Tanrısal boyutunda olduğunda, şu anda deneyimlediğin her şeyin geçici olduğunu bilirsin ve anlarsın. Cennet de, Dünya da geçicidir ama sen değilsin. Bu bakış açısı, her şeyi gerçekten olduğu gibi görmene yardımcı olacaktır.

İçinde bulunduğun koşulları gerçekten olduğu gibi gör: Geçici. Her koşulun geçici olduğunu bil. Onları içinde bulunduğun, yarattığın deneyimin araçları olarak görebilirsin.

Kim olduğunu sanıyorsun? "İşini kaybetmek" deneyimiyle ilişkinde kim olduğunu zannediyorsun? Daha da net sormam gerekirse Kim olduğumu sanıyorsun? Bu sorunun, çözebilmem için çok mu büyük olduğunu düşünüyorsun? Kendin için çok büyük olduğunu sanabilirsin, ama Benim için?

Entelektüel olarak hiçbir işin Tanrı için büyük olmadığını biliyorum. Ama duygusal olarak emin olamıyorum. Senin *yapabileceğin* konusunda değil, *yapıp yapmayacağın* konusunda.

Anlıyorum. Şüphe ediyorsun.

Evet.

Yeteneğimi değil, *arzumu* sorguluyorsun.

Her şeyin benim için bir ders olduğuna hala inanamıyorum. Bir *çözüm* bulmam gerektiğinden emin değilim. Belki de *soru-*

nu yaşamam gerekiyor. Teolojimin söylediği gibi belki bu da bir "test".

Bu yüzden sorunumun *çözümlenemeyeceğinden* endişe duyuyorum. Belki de bu "test", seçimimde beni yalnız bıraktığın anlardan biri...

Belki de şimdi seninle olan ilişkimi yeniden gözden geçirme zamanı. Çünkü bunun Benim *Arzumla* ilgili olduğunu düşünüyorsun. Bense *seninle* ilgili olduğunu söylüyorum. Kendin için ne istiyorsan, ben de senin için aynısını istiyorum. Ne daha fazla, ne daha az. Burada oturup bir şeyin sana verilip verilmemesi üzerine her arzun için yargıda bulunmuyorum.

Yaşam, neden-sonuç yasasıdır, "Peki görelim" yasası değil. Eğer seçersen sahip olamayacağın *hiçbir şey* yok. Hatta sen istemeden önce sana veriyorum. Buna inanıyor musun?

Hayır. Özür dilerim. Birçok duamın yanıtsız kaldığını gördüm.

Özür dileme. Sadece gerçeğinle kal, kendi deneyimlediğin gerçeğinle. Bunu anlarım. Saygı duyarım.

İyi, çünkü istediğim her şeyin olacağına inanmıyorum. Hayatım bunun en iyi örneği. Hatta, *nadiren* istediğimi elde ediyorum. O zaman da kendimi "korkunç" şanslı hissediyorum.

İlginç sözcükler seçiyorsun. Seçimlerin var gibi görünüyor. Yaşamında, ya korkunç şanslı ya harikulade şanslı olabilirsin. Ben senin harikulade şanslı olmanı tercih ederim. Ama asla kararlarına karışmam.

Sana şunu söyleyeyim: Daima *yarattığını* elde edersin, çünkü sürekli yaratıyorsun. Yarattığın şeyler için seni yargılamam. Çünkü *sürekli* yaratmanı istiyorum. Yarattığın şeyleri beğenmiyorsan, yeniden *seç*. Benim Tanrı olarak işim, bu *imkanı daima* sana sunmaktır.

Şimdi, Bana daima istediğin şeylere sahip olmadığını söylüyorsun. Ama ben sana *daima* istediğin şeylere sahip olduğunu söylüyorum.

Hayatın daima, düşüncelerinin sonucudur. "Nadiren seçtiğim şeylere sahip olurum" düşüncesinin yaratıcılığı olsa bile.

Şu anda kendini, işini kaybetme olayının bir kurbanı olarak görüyorsun. Ama gerçek şu ki, sen artık o işi seçmiyorsun. Sabahları heyecanla uyanmak yerine, ayağını sürüye sürüye uyanıyorsun. İşinden mutlu olmak yerine, tepki duyuyorsun. Hatta *başka bir şey* yapmayı bile hayal ediyorsun.

Bunların hiçbir anlam ifade etmediğini mi düşünüyorsun? Gücünü yanlış anlıyorsun. *Hayatın, niyetlerin doğrultusunda seyrediyor.*

Şimdi niyetin ne? Niyetin "Hayat, nadiren istediğin şeyleri sana sunar" teorisini ispat etmek mi? Yoksa Kim ve Ne olduğunu göstermek mi?

Hayal kırıklığına uğramış, azarlanmış, utanmış hissediyorum.

Bu duyguların sana yardım ediyor mu? Bir gerçeği işittiğinde, neden kabul etmeyi ve ilerlemeyi seçmiyorsun? Kendini yargılamaya ihtiyacın yok. Sadece seçmiş olduklarına dikkat et ve yeniden seç.

Ama neden daima negatifi seçmeye hazırım? Sonra da kendimi neden "dövüyorum?"

Ne umuyorsun ki? Çocukluğundan beri "kötü" olduğun söylendi. "Günahkar" doğduğunu kabul ettin. Suçluluk duymak, *öğrenilmiş tepkidir.* Bir şey yapmadan önce bile, yapabileceğin şeyler için suçluluk duymayı öğrendin. Mükemmel doğmadığın için, utanç duymayı öğrendin.

Bu dünyaya gelme "hatalarınıza" dinler, "ilk günah" deme cesaretini gösteriyor. İlk günah -ama sizin değil. İlk günah Tanrı'nın asla *mükemmel olmayan* bir şeyi yaratmayacağını bilmeyen insanlar tarafından yaratıldı. Bazı dinleriniz bu yanlış algılamayı temel alarak ortaya çıktı. Kelimenin tam anlamıyla söylediğim gibi: yanlış algılama. Düşündüğüm ve hayat verdiğim her şey mükemmeldir; *Benim suretim ve benzerimin mükemmel yansıması.*

Ama, ceza verici Tanrı'yı haklı çıkarmak için dinleriniz kızgın olabileceğim bir şeyler yaratmaya ihtiyaç duydu. Örnek yaşam sürenleriniz bile "kurtarılmalıydı". Kendilerinden kurtulması gerekmiyorsa, kendi "mükemmelsizliklerinden" kurtarılmalıydılar.

Dinler "ya bunları düzeltin ya da cehenneme gidersiniz" dedi. Sonuçta acayip, intikamcı, kızgın Tanrı'yı yatıştıramazsınız ama acayip, intikamcı, kızgın *dinlere* hayat verirsiniz. Ve dinler kendilerini tekrar ederek güçlenirler. Böylece güç, kendini deneyimleyen çoğunluğun yerine, kendini tekrar eden bir avuç azınlığın elinde kalır.

Tabii ki daha küçük düşünceyi, daha küçük fikri, kendin ve gücün hakkında daha küçük kavramı, Benim hakkımda konuşmamayı seçebilirsin. Çünkü size bu *öğretildi.*

Tanrı'm, bu öğretiyi nasıl değiştirebilirim?

İyi bir soru ve doğru adrestesin. Bu kitabı tekrar tekrar

okuyarak öğretiyi değiştirebilirsin. Tekrar ve tekrar oku. Her sözcüğü anlayana dek. Her kelime sana yabancı gelmeyene dek. Buradaki sözleri başkalarına tekrar edebildiğinde, en zor zamanlarında bu sözler aklına geldiğinde, "öğretiyi değiştirmişsin" demektir.

Ama hala Sana sormak istediğim çok soru var. Hala çok daha fazla bilmek istiyorum.

Evet, uzun bir soru listesiyle başladın. Sorulara geri dönelim mi?

~8~

Ne zaman -ilişkilerin düzenli gitmesi için- yeterince öğreneceğim? İlişkilerde *mutlu* olmanın bir yolu var mı? Sürekli mücadele etmeyi mi gerektiriyor?

İlişkiler hakkında öğreneceğin hiçbir şey yok. Sadece bildiklerini uygula, yeter. İlişkilerinizde mutlu olmak için bir yol vardır. Sizin planlayıp programladığınız amacınız için değil, ilişkilerin amacı için bir yol.

İlişkiler sürekli gelişme çabasını gerektirir. Sürekli kendinizin daha daha yüksek boyutunuzu deneyimlemeniz, kendinizin daha daha büyük vizyonunu görmeniz, kendinizin daha daha harikulade versiyonunuzu yaratmanız, ifade etmeniz için bir yoldur. Bu gelişimi ilişkilerin dışında hiçbir şekilde daha çabuk, daha yoğun ve daha saf biçimde sağlayamazsınız. Aslında ilişkiler olmaksızın, bunu *asla yapamazsınız.*

Diğer insanlarla, yerlerle ve olaylarla olan ilişkilerinizle evrende varolabilirsiniz. Hiçbir şeyin mevcut olmadığı bir yerde siz de *bir şey* olamazsınız. Siz ancak siz olmayan bir şeyle ilişkiniz vasıtasıyla siz olursunuz. Görecelik dünyasında ancak ilişkiler içinde varolunur. Göreceliğin zıttı olan mutlak dünyada ise... Ben varım.

Bunu derinden anladığınızda, sezgisel olarak her deneyime, her insan ilişkisine, özellikle özel insan ilişkilerine saygı duyarsınız. Çünkü ilişkileri, en yüksek boyutta "yapıcı" olarak görürsünüz. İlişkileri Kendinizin Gerçekten Kim Olduğunuzu bilmek için kullanırsınız.

Bu yapılanma ya kendi bilinçli modelinizle harikulade bir yaratıcılık olur ya da olayların sizi yapılandırdığı bir "şekil" olursunuz. Ya olan bitenin -sonucunun- kendinizi şekillendirmesini seçersiniz ya da olana rağmen kendi seçtiğinizi olursunuz ve yaparsınız. İkinci halde Kendinizi Yaratmak bilinçli olur. Kendinizi gerçekleştirirsiniz.

Bu nedenle *her* ilişkiye saygı duy, her birini özel ve Kim Olduğunun oluşumunu sağlayan bir yapılanma olarak gör.

Senin sorun, romantik türden insan ilişkilerini kastediyordu, bunu anlıyorum. Bu yüzden şimdi derinlemesine insanın sevgi ilişkilerine gireceğim. Bu tür şeyler sana sürekli sıkıntı veriyor, değil mi?

Sevgi ilişkilerinin başarısız olmasının nedeni ilişkiye yanlış nedenlerle başlanmasıdır. İlişkiler asla gerçekten başarısız olmaz ama insan boyutunda ilişki sizin istediğinizi üretmiyorsa ona başarısız diyorsunuz.

"Yanlış", tabii ki görece bir terimdir; "Doğru" olan bir şeyle yapılan kıyaslamadır. Çoğu insan ilişkilere, ne verebileceğini düşünmek yerine, ne alabileceğini düşünerek giriyor.

İlişkinin amacı, hangi parçanızın kendisini göstermesinden haz duyacağınıza karar vermektir, başka birinin bir parçasına esir olmak ve tutmak değil.

İlişkiler ve tüm hayat için tek bir amaç olabilir. Gerçekten Kim Olduğunuza karar vermek ve olmak. Yaşamınızdaki özel kişiye, "sen gelene kadar ben bir hiçtim" demek romantik olabilir ama doğru değildir. Daha da kötüsü, özel kişi üzerinde kendisinin olmadığı şeyleri olması için olağanüstü baskı yaratır.

Özel kişi sizi "hayal kırıklığına" uğratmamak adına bu rolleri üstlenmek için çok gayret gösterir. Ta ki artık taşıyamayana kadar. Artık onunla ilgili çizdiğiniz resmi tamamlayamaz hale gelir. Tepki birikir. Kızgınlık oluşur. Sonunda kendisini kurtarmak için (ve de ilişkiyi) kendisi olmaya başlar. Gerçekten Kim Olduğuna uygun olarak davranmaya başlar. İşte bu noktada ona "sen gerçekten değiştin" dersiniz.

Özel biri hayatınıza girdiğinde artık kendinizi tamamlanmış hissettiğinizi söylemek romantiktir. Fakat ilişkinin amacı, birinin sizi tamamlaması değil, biriyle kendi bütünlüğünüzü paylaşmaktır.

Tüm insan ilişkilerinin paradoksal yanı budur. Kim Olduğunuzu dolu dolu deneyimlemek için özel bir kişiye ihtiyacınız yoktur... Ama ilişkide olduğunuz hiç kimse yoksa da siz bir hiçsiniz.

Bu, insan deneyiminin hem gizemi ve harikuladeliği, hem de sıkıntısı ve hazzıdır. Bu paradoksu anlaşılır kılmak için derin bir anlayış ve güçlü bir arzu gerekir.

Çoğunuz ilişkinin başladığı gençlik yıllarında heyecan, cinsel enerji, merak dolusunuz. Kalbiniz sonuna kadar açık, ruhunuz haz ve heves dolu.

Kırk-altmış yaşları arasında bir yerlerde (çoğunuz için daha da önce) büyük rüyalarınızdan vazgeçer, yüksek umutlarınızı bir yana koyar minimum beklentiyle yaşamaya hatta hiçbir şey beklememeye razı olursunuz.

Sorun çok temel, çok basit ve son derece yanlış anlaşılan bir şey: en büyük rüyalarınız, fikirleriniz, umutlarınız kendinizle değil, sevdiğiniz kişiyle ilgili oluyor. İlişkinizin testini, sevdiğinizin sizin hayallerinize ne kadar uyduğuna, onun beklentilerini sizin ne kadar karşılayabildiğinize göre yapıyorsunuz. Oysa gerçek test, sizin kendi hayallerinize ne kadar uygun yaşadığınızdır.

İlişkiler *kutsaldır* çünkü Kendinizin en yüksek boyutunu yaratmanız ve deneyimlemeniz için yaşamın en büyük -ve tek- olanağıdır. İlişkiler başarısız oluyor çünkü sevdiğiniz kişinin onun hakkındaki en yüksek düşüncenizi yaratmasını ve deneyimlemesini bekliyorsunuz.

Bırakın her insan *Kendi*siyle ilgilensin. *Kendi*si ne oluyor, yapıyor ve sahip oluyor; *Kendi*si ne arıyor, yaratıyor ve deneyimliyor. Ancak böylece tüm ilişkiler kendi amacına -ve katılımcılarına hizmet eder.

Bırakın, ilişkide her bir insan diğeri için endişe etmek yerine, yalnızca, yalnızca, yalnızca KENDİsini gerçekleştirsin.

Bu size acayip bir öğreti gibi gelebilir. Çünkü size hep en yüce ilişkinin, kişinin, *yalnızca* diğeri için endişe duyması olduğu öğretildi. İşte bu diğerine odaklanmanız, diğerine olan *tutkunuz* ilişkileri başarısız kılıyor.

O ne oluyor? O ne yapıyor? O neye sahip oluyor? O ne söylüyor? Ne istiyor? Ne düşünüyor? Ne bekliyor? Ne planlıyor?

Usta bunlarla ilgilenmenin önemi olmadığını bilir. Sadece önemli olanın ilişki *içinde* sizin ne olduğunuza odaklanmanız olduğunu bilir. En sevecen insan, en BEN-merkezci insandır.

Bu radikal bir öğreti gibi geliyor ama dikkatle incelersen hiç de değil. Sen *kendi*ni sevemezsen, başkasını sevemezsin. Çoğu insan *Kendi*ni sevmenin bir başkasını sevmekten geçtiğini sanır. Tabii böyle düşündüklerinin farkında bile değildirler. Bu bilinçli bir çaba değildir. Ama bilincin derinliklerinde, bilinçaltında olan düşünce budur.

"Eğer birini seversem, o da beni sevecek. O zaman sevilmeye layık olduğumu bileceğim ve *Kendi*mi sevebileceğim." Tersi durumda, çoğu insan kendinden nefret ediyor. Çünkü kendisini seven hiç kimsenin olmadığını düşünüyor. Hastalık budur. Gerçek sevgi hastalığı budur. Hasta kişi, başkaları onu sevse de, buna inanmaz. Ne kadar çok kişi sevgisini gösterirse göstersin, asla onun için yeterli olamaz.

Öncelikle size inanmaz. Onu maniple ettiğinizi, ondan bir şeyler istediğinizi düşünür. (Onu olduğu gibi sevmeniz nasıl mümkün olabilir ki? Hayır. Burada bir yanlışlık var. Bir şey istiyor olmalısın! Şimdi ne istiyorsun?) Birinin kendisini nasıl olup da sevebileceğini anlamaya çalışır. Ve size inanmamaya karar verir. Kanıtlama kampanyası başlatır. Onu sevdiğinizi ispatlamak zorundasınız. Bunu yapmanız için de sizden davranışlarınızı değiştirmeye başlamanızı talep eder.

İkinci olarak, sonunda sizin onu sevdiğinize inanma noktasına gelirse, bu kez de sevginize ne kadar süre *sahip olacağının* endişesini duymaya başlar. Sevginizi sahiplenmek için de *kendi* davranışlarını değiştirmeye başlar.

Böylece, iki kişi ilişki içinde kendilerini kaybeder. İlişkiye kendilerini bulma umuduyla başlamışlardır ama bulmak yerine kendilerini kaybetmişlerdir işte.

Bu Kendini kaybetme, ilişkilerdeki çoğu acının nedenidir.

İki kişi, partnerlik kurmak için birleşirken, bütünün, parçaların toplamından daha büyük olacağı umudunu taşır. Ama çok daha azını bulur. Kendilerinin, yalnız olduklarından daha da az hale geldiğini hissederler. Daha heyecansız, daha az çekici, daha doyumsuz, kapasitelerini yitirmiş, yeteneklerini köreltmiş, yaşamdan haz alamaz hale gelirler.

Çünkü, gerçekten azalmışlardır. İlişkiyi sürdürebilmek için kendilerinden çok şeyi feda etmişler, kendileri olmaktan vazgeçmişlerdir. İlişkilerin amacı asla bu olamaz. Ama çoğu insan tarafından yaşanan deneyim ne yazık ki bu oluyor.

Niçin? *Niçin*?

Çünkü insanlar ilişkinin *amacı* ile olan bağlantıyı kaybetti. (Zaten asla bağlantı kuramadılar.)

Kutsal bir yolculukta birbirinizin kutsallığını göremezseniz, tüm ilişkilerin ardındaki nedeni ve amacı da göremezsiniz.

Evrim için ruh bedene, beden de hayata geliyor. *Gelişiyorsunuz, oluşuyorsunuz. Her şeyle* olan ilişkilerinizi *ne* olacağınıza karar vermek için kullanmak, sizin KENDİnize olan görevinizdir.

Bu, KENDİni yaratmanın hazzıdır. Kendini tanımanın hazzıdır. Ne olmak istediğinizi bilinçli olarak olmanıza özfarkındalık deniyor.

Kendinizi görece dünyaya, Gerçekten Kim Olduğunuzu bilmek ve deneyimlemek için getirdiniz. Kim Olduğunuzu ancak ilişkiler içinde yaratabilirsiniz.

Özel ilişkileriniz, bu sürecin en önemli elementidir. Bu nedenle kutsaldır. Hem diğer kişiyle hiçbir bağlantısı yoktur, hem de diğeri de ilişkinin bir parçası olduğu için *her türlü* bağlantısı vardır.

Bu yüce ikilemdir. "Ben-merkezciyi kutsayın, çünkü o Tanrı'yı bilmek istiyor." cümlesi hiç de radikal bir öğreti değil. Yaşamınızda Ben'inizin en yüksek boyutunu bilmek ve *merkezde* (özde) kalmak, hiç de kötü bir amaç değil.

Bu nedenle ilk ilişkiniz daima Kendinizle (Ben'inizle) olmalıdır. Önce Kendinizi saymayı, değerli bulmayı ve sevmeyi öğrenmelisiniz.

Önce Kendinizi değerli görmelisiniz ki, başkasını değerli görebilesiniz. Önce kendinizi saymalısınız ki, başkasını sayabilesiniz. Önce Kendi Kutsallığınızı bilmelisiniz ki, başkasının kutsallığını tanıyabilesiniz.

Arabayı atın önüne koyarsanız (çoğu dinlerin size öğrettiği gibi), başkalarının kutsallığını, yüceliğini kendi yüceliğinizi, kutsallığınızı tanımadan kabul edersiniz ve bir gün tepki duyar hale gelirsiniz. Hiçbirinizin katlanamayacağı bir şey varsa, o da, başkalarını kendinizden daha fazla yüceleştirmek. Ama dinleriniz sizi başkalarının sizden daha yüce olduğunu kabul etmeniz için zorluyor. Bir süre kabul ediyor görünüyorsunuz. Sonra da onları çarmıha geriyorsunuz.

Sadece birini değil, tüm öğretmenlerimi değişik yollarla çarmıha gerdiniz. Onlar sizden daha kutsal olduğu için değil, siz onları yüceleştirdiğiniz için.

Öğretmenlerimin hepsi size aynı mesajla geldiler. "Sizden daha yüceyim" mesajıyla değil, "siz de benim kadar yücesiniz" mesajıyla. Bu mesajı işitmediniz; bu gerçeği kabul edemediniz. İşte bu yüzden de asla gerçekten saf bir şekilde başkasını sevemiyorsunuz. Asla kendinizi gerçek bir saflıkla sevmediniz ki.

Şimdi ve sürekli olarak Ben'inizdeki merkeze odaklanın, Ben-merkezci olun; her an başkasının ne olduğuna, yaptığına değil, Kendinizin ne olduğuna, yaptığına ve sahip olduğuna dikkat edin.

Kurtuluşunuz başkalarının aksiyonlarına değil, kendi re-aksiyonlarınıza bağlıdır.

Bunu kastetmediğini biliyorum. Ama söylediklerin ilişkilerde başkalarının bize ne yaptıklarının önemli olmadığı şeklinde de anlaşılabilir. Bize ne yapılırsa yapılsın, kendi dengemizi sağladığımızda, ben-merkezde kaldığımızda, hiçbir şey bizi rahatsız edemez. Evet ama başkaları bizi *etkiliyor*, davranışları bizi bazen yaralayabiliyor. İşte, ilişkilerde bu yaralanmalar olduğunda ne yapacağımı bilemiyorum. "Seni etkilemesine izin verme" demek kolay ama ilişkilerde başkalarının sözlerinden ve davranışlarından inciniyorum.

İncinmediğin gün gelecek. O gün, ilişkilerin gerçek amacını gerçekten anladığın ve yaşamında uyguladığın gün olacak.

Bu nedeni unuttuğunuz için, şimdiki gibi reaksiyon gösteriyorsunuz. Ama bu da gelişim sürecinin, evrim sürecinin bir parçası. İlişkiler, Ruh işidir. Geniş bir anlayış, büyük bir hatırlayış gerektirir. İlişkileri Kendini yaratmak için nasıl kullanacağını hatırlayana dek, şu anda ki boyutunda çalışmalarını sürdüreceksin: anlayış boyutu, arzu etme boyutu, hatırlama boyutu.

Birisinin söylediği yaptığı şeye duyduğun re-aksiyon acı ve incinme olduğunda yapabileceğin şeyler var. Öncelikle kendine ve karşındakine dürüstçe nasıl hissettiğini itiraf et. Çoğunuz, bunu yapmaktan korkuyorsunuz, çünkü, "kötü" görüneceğinizi düşünüyorsunuz. İçinizin derinliklerinde bir yerde "böyle hissetmenizin" saçma olduğunu belki biliyorsunuz. Bu belki size "küçültücü" geliyor. Oysa siz "bundan daha büyük"sünüz. Ama buna rağmen duygularınızı olduğu gibi kabul etmekten korkuyorsunuz, işte bu yüzden acı çekiyorsunuz.

Tek bir şey yapabilirsiniz. Duygularınıza saygı göstermelisiniz. Duygularınıza saygı göstermek, Kendinize saygı göstermektir. Ve komşunuzu da kendiniz gibi sevmelisiniz. Ama kendi duygularına saygı göstermeden, başkasının duygularını nasıl anlayabilir ve saygı gösterebilirsiniz ki?

Birisiyle herhangi bir ilişki sürecinde şu soruyu sorun: Şimdi bu ilişkiye göre Ben Kimim ve Kim Olmak istiyorum?

Genellikle birkaç yolu *denemeden* önce Kim olduğunuzu

hatırlamıyor ve Kim Olmak istediğinizi bilmiyorsunuz. Bu nedenle en gerçek duygularınıza saygı göstermeniz çok önemli.

Eğer ilk duygunuz, negatif bir duyguysa, bu duyguya sahip çıkmak, ondan uzaklaşmak için gerekli olan tek şeydir. Kızgınlığınıza, üzüntünüze, nefretinize, öfkenize, intikam alma duygunuza *sahip çıktığınızda* "Kim Olmak İstemediğiniz" bu duygulara sahip çıkarak vazgeçebilirsiniz. Kişi ancak kendi sahip olduğu şeyden vazgeçebilir.

Usta, bu duyguları yeterince deneyimlediği için, son seçiminin önceden ne olacağını bilir. Bir şeyi "denemeye" ihtiyaç duymaz. Bu giysileri daha önce giydiği için ona "uymadığını" bilir, giysiler onu yansıtmıyordur. Usta'nın hayatı sürekli Kendini gerçekleştirmeye adanmış olduğu için, uymayan duyguları yeniden denemeye uğraşmaz.

Bu nedenle Usta, başkalarının kötü dediği durumlarda etkilenmez. Usta kötülüklerin tohumlarının (ve tüm deneyimlerinin) Ben'in gelişimini sağlamak için olduğunu bilir. Usta'nın ikinci yaşam amacı daima *gelişmektir.* Kendini *tümüyle* gerçekleştirdiğinde ise, artık *yapacak bir şey kalmamıştır...* olduğundan *daha fazla olmaktan* başka.

İşte bu noktada insan, ruh çalışmasından Tanrı çalışmasına geçer.

Bu tartışmamızın amacı sizin henüz ruh üzerinde çalışıyor olmanızdır. Hala Gerçekten Kim Olduğunuzu GERÇEKleştirmeye çalışıyorsunuz. Hayat (Ben), Kendinizi yaratmanız için size bol imkan sunacaktır. (Unutmayın, hayat keşif süreci değil, yaratma sürecidir.)

Kim olduğunuzu sürekli yaratıyorsunuz. Her an her zaman aynı soruya aynı yanıtı vermiyorsunuz. Aynı deneyimle karşılaşsanız bile bir gün sabırlı, sevecen ve kibar olmayı seçebiliyorsunuz; bir başka gün ise kızgın, çirkin ve üzgün olabiliyorsunuz.

Usta, *daima aynı yanıtı veren kişidir.* Yanıtı daima *en yüksek seçime* uygun olarak verir.

Bu konuda Usta daima tutarlıdır. Öğrencinin ise nasıl bir reaksiyon göstereceğini asla tahmin edemezsiniz. Kişinin Ustalık yolunda nerede olduğunu, her durumda tepki ve re-aksiyonlarında (en yüksek seçimlerinde) tutarlılığını gözlemleyerek anlayabilirsiniz. Tabii, şimdi şu soruyu soracaksınız. *Hangi seçim en yüksektir?*

Zamanın başlangıcından beri insan felsefeleri ve teolojileri bu soru etrafında dönüp duruyor.

Soru, gerçekten sizi içine alıyorsa, *ustalaşma yolundasınız* demektir. Çünkü insanların çoğu hala farklı bir soruyla uğraşıyor: "en yüksek seçim hangisidir?" yerine "en kazançlı seçim hangisidir?" ya da "en az hangi seçimle kaybederim?"

Hayat, zarar kontrolü-optimum avantaj noktasından bakarak yaşandığında, yaşamın *gerçek* avantajından vazgeçmiş olunuyor. Olanaklar kaybediliyor, şanslar kaçırılıyor. Ve hayat korku boyutunda yaşanılan bir hayat oluyor. Böyle bir hayat, kendiniz hakkında size yalan söylüyor.

Siz korku değil, sevgisiniz. Korunmaya ihtiyaç duymayan, kaybetmenin mümkün olmadığı sevgisiniz. Ama birinci değil de ikinci soruyu yanıtlamaya çalıştıkça, sevgiyi asla deneyimsel olarak bilemezsiniz. Çünkü ancak kazanacağı ya da kaybedeceği bir şey olduğunu düşünen kişi ikinci soruyu sorar. Ve sadece hayatı farklı bir yolla gören kişi, Kendisini "daha yüksek varlık" olarak gören kişi, kazanmanın ya da kaybetmenin bir *test olmadığını,* yalnızca sevgi olmak ya da olmamak olduğunu anlayan kişi... ancak böyle bir kişi birinci soruyu sorar. İkinci soruyu soran kişi "Ben bir bedenim" der. *Birinci soruyu soran kişi ise "Ben bir ruhum" der.*

İşiten, kulakları olan herkes dinlesin. Tüm insan ilişkilerinde yalnızca bir soru vardır: **şimdi sevgi ne yapardı?**

Başka hiçbir soru yoktur. Başka hiçbir soru anlamlı değildir. Başka hiçbir soru ruhunuz için önemli değildir.

Şimdi, yorumun çok hassas noktasına geldik. Sevgi kaynaklı davranış (aksiyon) prensibi çok yanlış anlaşılıyor. Bu yanlış yorumlama, hayatta nice içerlemelere, nice kızgınlıklara neden oluyor. Bu yüzden de nice kişi yoldan uzaklaşıyor.

Asırlar boyu sevgi kaynaklı davranışların bir başkasının "en yüksek iyiliği" için seçim yapmanız olduğu öğretildi.

Size şunu söylüyorum: En yüksek seçim, sizin için "en yüksek iyiliği" üreten seçimdir. Bu derin spirütüel gerçeğe rağmen, bu cümle anında yanlış yorumlara neden oluyor. Kişi, kendisi için en yüksek "iyiliği" yapmaya karar verdiğinde gizem biraz olsun çözülmeye başlıyor. Mutlak en yüksek seçim yapıldığında ise, gizem kayboluyor, çember kendisini tamamlıyor ve sizin için en yüksek iyi olan, başkasının da en yüksek iyisi oluyor.

Bunu anlamak için birçok yaşam gerekebilir. Bu gerçeğin daha büyük bir gerçek etrafında döndüğünü anlamanız için daha fazla yaşamlar da gerekebilir: Kendin için ne yapıyorsan, başkaları için de yapıyorsun. Başkaları için ne yapıyorsan, Kendin için de yapıyorsun.

Çünkü sen ve başkaları birsiniz.

Ve çünkü "Senden başka olan" yok.

Bu gezegende yaşayan tüm Ustalar, size bu gerçeği öğretmeye çalıştı. ("Düşmanına yaptığın şeyi, Bana yaptığını unutma".) Ama bu söz, çoğu insan için *uygulanması zor*, büyük bir ezoterik gerçek olarak kaldı. Aslında, her zamanın en kolay uygulanabilir "ezoterik" gerçeği bu.

İlişkilerde bu gerçeği hatırlamak çok önemlidir. Çünkü hatırlanmazsa ilişkiler çok zor olacaktır. Bu gerçeğin, spritüel, ezoterik boyutundan şimdilik uzak kalarak pratik uygulamasını konuşalım.

Sıklıkla, eski anlayışın etkisiyle, çok iyi niyetli, çok dindar, çok iyi amaçlı insanlar, ilişkiler içinde, diğer insan için en iyi olduğunu düşündüklerini yaptılar. Ama maalesef çoğu zaman diğer insanlar tarafından kullanıldılar. Sürekli taciz edildiler. Sürekli hak etmedikleri davranışlara maruz kaldılar. Sürekli sağlıksız ilişkileri sürdürmeye çalıştılar.

Sonunda, "doğru olanı yapmak" isteyen kişiler, çabucak affederek, anlayış göstererek, sorunları ve davranışları görmezden gelerek.... içerlemelerini, kızgınlıklarını ve güvensizliklerini biriktirmeye başladılar. Hatta Tanrı'ya bile güvenemez hale geldiler. Tanrı nasıl olur da böylesine sonu gelmeyen acı çekmeyi, haz duymamayı ve fedakarlığı, sevgi adına isteyebilirdi? Oysa, Tanrı bunu istemiyor. Tanrı'nın istediği, sevgi duyduğunuz kişilere *kendinizi de dahil etmenizdir.*

Tanrı daha da fazlasını istiyor. Tanrı, kendinizi öncelikle sevmenizi istiyor.

Bu sözümü bazılarınız "küfür" olarak nitelendirebilecektir. Benim sözüm olmadığını iddia edecektir. Bazılarınız daha da kötüsünü yapacaktır: Benim sözüm olarak kabul edecek ama çarpıtarak kendi amaçlarına uygun hale getirecek, davranışları için kendilerini haklı çıkaracaklardır.

Size şunu söyleyeyim: En yüksek anlamda, kendinize öncelik tanımak, *asla* tanrısal olmayan davranışları yapmanıza kapı açmaz. Bu nedenle, kendiniz için en iyisini yaptığınızı düşünerek, kendinizi tanrısal olmayan bir davranış içinde bulduğunuzda şunu sorgulayın: Karmaşa kendinize öncelik tanıdığınızdan değil, sizin için neyin en iyi olduğuna dair yanlış anlayışınızdan kaynaklanıyor.

Tabii ki, sizin için en iyinin ne olduğuna karar vermeniz, ne yapmaya çalıştığınıza karar vermekle ilişkilidir. Bu önemli basamağı, çoğu insan atlıyor. Ne "istiyorsunuz"? yaşam amacınız ne? Bu sorulara yanıt vermeden herhangi bir koşulda "en iyi"nin ne olduğu da bilinemez bir gizem haline gelir. Pratik boyutta, ezoterik boyutu bir yana bırakarak, sizin kullanıldığınız, taciz edildiğiniz bir durumda, kendiniz için en iyinin ne olduğuna bir bakın. Yapabileceğiniz "ilk en iyi" şey, tacizi durdurmaktır. Bu hem sizin için, hem tacizci için iyi olacaktır. *Çünkü tacizci, taciz etmesine "izin verildiği" sürece taciz ediyordur.* Bu, tacizcinin iyileşmesine yardım etmek değil, ona zarar vermektir. Tacizci, tacizinin kabul gördüğü ortamda ne öğrenir? Tacizinin kabul görmediğini anladığı ortamda, neyi keşfetmesine izin verilmiştir?

Bu nedenle, başkalarına sevgiyle davranmak, onların her istediklerini yapmalarına izin vermek anlamına gelmez. Ebeveynler bunu çocukları vasıtasıyla daha çabuk öğrenir. Oysa yetişkinler, diğer yetişkinlerle, ülkeler, diğer ülkelerle olan ilişkilerinde bu dersi aynı çabuklukta öğrenemiyorlar. Despotun gelişmesine izin verilemez. Despotluklarının durdurulması gerekir. Kendini sevmek, despotu "sevmek" bunu gerektirir.

"Eğer yalnızca sevgi varsa, insan savaşta nasıl haklı çıkabilir?" sorusunun yanıtı işte budur. Bazen insan kendisi hakkındaki en büyük gerçeği ifade edebilmek için savaşmak zorunda kalabilir. Bu, savaştan nefret ettiğini ifade edebilmek için olsa da.

Bazen "Kim Olduğunuz" adına "Kim Olduğunuzdan *vazgeçmek*" zorunda kalabilirsiniz. Bu gerçeği öğreten Ustalar da var.

Her şeyden *vazgeçene* kadar, hiçbir şeye *sahip olamazsınız.*

Eğer kendini "barış insanı" olarak görmek istiyorsan, kendin hakkında "asla savaşmayan kişi" fikrinden vazgeçmek zorunda kalabilirsin.

Aynı şey, bireysel ve özel ilişkiler için de geçerlidir. Hayat, bazen ardı ardına "Kim Olmadığın" boyutunu ifade ederek, seni "Kim Olduğunu" kanıtlamaya çağırabilir.

Bu deneyimleri birkaç yıl boyunca yaşadıysanız, anlamanız zor olmayacaktır. Genç ve idealist biri için bu en temel çelişki olarak görülür. Daha olgun bakışla ise yüce ikilem olarak algılanır.

Bu, insan ilişkilerinde, incinmişsen, karşındakini incit anlamına gelmez. (Ülkeler arasında olan ilişkiler için de aynı şey geçerlidir.) Sadece karşındaki kişinin sürekli zarar vermesine *izin vermenin*, kendin ya da onun için en sevecen şey olmadığına karar vermen anlamına gelir.

Bu söylediklerim, bazı pasifist teorilerin iddia ettiği gibi, "en yüksek sevgi", şeytani gördüğün şeye karşı, gerekse bile güç göstermemek, tepki vermemektir" diyenler için bir yanıttır.

Konuşmamız burada yine ezoterik olmak durumunda kalıyor. Çünkü hiçbir ciddi tartışma "şeytan" kelimesini görmezden gelemez. Bu sözcük, değer yargılarını da devreye sokar. Gerçekte şeytan diye bir şey yoktur. Yalnızca objektif fenomen ve deneyim vardır. Oysa, sizin gerçek yaşam amacınız, sizin aralara serpiştirilmiş "şeytan" dediğiniz fenomen koleksiyonlarınız içinden seçimler yapmaktır. Koleksiyonunuzda şeytan ya da kötü dediğiniz fenomenler olmazsa, ne kendinizi ne de herhangi bir şeyi "iyi" olarak bilebilirsiniz. Ve kendinizi ne bilebilir ne de yaratabilirsiniz. "Şeytanı" ancak "iyi"yle tarif edebilirsiniz. Bu yüzden şeytan olmadığını söylemek, en büyük şeytanlıktır.

Bu görece dünyada, bir şey ancak başka bir şeye göre varolur. İlişkilerin de amacı ve fonksiyonu budur. Kendini bulacağın bir deneyim ortamı yaratmak, kendini tanımlamak ve eğer seçersen "Kim olduğunu" her an yaratmak.

Tanrısal olmayı seçmek, kurtarıcı olmayı seçmek değildir ve kesinlikle kurban olmayı seçmek değildir.

Ustalık yolunda tüm incinme, zarar ve kaybetme kavramları kaybolduğunda incinmeyi, zararı ve kaybetmeyi deneyimin bir parçası olarak bilmek önemlidir. Bu bilme yardımıyla Usta "Kim Olduğuna" karar verir.

Evet, başkalarının söyledikleri ve yaptıkları bazen sizi incitecektir. Sizi bulunduğunuz noktadan, incinmeme noktasına getirecek olan şey, tam anlamıyla dürüst olmaktır.

Bir şey hakkında ne hissettiğini ifade etme cesaretini göstermek, korkmadan duygularını tanımak, bilmek ve söylemek. Kendi gerçeğini yumuşakça ama olduğu gibi tümüyle ifade edebilmek. Kendi gerçeğini yaşa! Cesaretle ve şefkatle ama tümüyle tutarlı olarak! Yeni bir deneyim, sana yeni bir gerçeği gösterdiğinde, kolaylıkla Gerçeğini yeni farkındalığınla değiştirme gücüne sahip olarak!

Birazcık düşünen hiç kimse, ilişkide incindiğinde "Aldırış etme, bu incinmenin önemi yok" diyemez. Eğer şu anda incinmişsen, artık aldırış etmemen için geçtir. Şimdi yapacağın şey bu incinmenin ne anlama geldiğine karar vermek ve kararını uygulamaktır. Ancak kararını uygulayarak "Kim Olmayı Seçtiğin" olabilirsin.

Yani, yıllarca katlanan kadın, aşağılanan koca veya ilişkinin kutsallığı adına kurban ya da paspas olmak zorunda değilim.

Tabii ki değilsin.

Ve onuruma saldırılmasına, gururumun çiğnenmesine, ruhumun yarasına, yüreğimin acılarına *katlanmak* zorunda değilim. İlişkinin yürümesi için kendimce elimden geleni yaptığım, görevimi yerine getirdiğim, Tanrı'nın ve insanların gözünde sorumluluklarımı üstlendiğim halde tüm bu zorluklara katlanmak zorunda değilim.

Asla.

Peki Tanrı'm, lütfen söyle; ilişkilerde hangi sözü vermeliyim, hangi anlaşmalara riayet etmeliyim, hangi sorumlulukları taşımalıyım?

Yanıt, işitemediğin yanıttır. Çünkü bu yanıt, sana rehberlik edemez. Çünkü bu yanıt, anlaşmaları yaptığın anda her sözü geçersiz kılar, iptal eder.

Yanıt: Hiçbir *görevin* yok. Ne ilişkilerinde ne de hayatta.

Hiçbir görevim yok mu?

Hiçbir görevin yok. Sınırlamalar, engeller, rehberler ve kurallar da yok. Ne koşullarla ne de durumlarla sınırlısın ne de Tanrı'nın gözünde hiçbir şey için cezalandırılırsın.

Bunu daha önce de duydum. "Hiçbir kural yok" türü bir din. Bu spiritüel anarşi değil mi? Bunun nasıl uygulanabileceğini anlayamıyorum.

Eğer kendini yaratmak istiyorsan bunun uygulanamaması mümkün olamaz. Ama başkalarının istediği gibi olmaya çalışıyorsan, kuralların olmaması gerçekten işleri zorlaştırır.

Ama düşünen beyin sormak için yalvarır: eğer Tanrı beni olmam gerektiği gibi istiyorsa neden beni öyle yaratmadı? Neden Tanrı'nın istediği gibi olmak için, kendimi "yenmek" zorundayım? Sorgulayan beyin bilmek ister ve sorusu doğrudur.

Dinciler, sizi "Kendimden Daha Az" yarattığıma inandırıyor. Böylece "Benim gibi" olmak için, tüm engellere ve Benim yarattığım *doğal eğilimlerinize* karşı mücadele etmeniz gerektiğini bile savunuyorlar.

Bu doğal eğilimler denilen şeyler, günah eğilimleri oluyor. Günahkar *doğduğunuz*, günahkar *öleceğiniz*, hatta *doğanızda* günahkar olduğunuz size öğretiliyor.

Hatta bazı dinleriniz, bunun için bir şey yapamayacağınızı da size öğretiyor. Davranışlarınızı, seçimlerinizi anlamsız hale getiriyor. "Hiçbir davranışınız sizi cennete götüremez." "Cennete gitmenin tek bir yolu var, onu da sizin seçim ve davranışlarınız değil, O'nun oğlunu aracı olarak kabul etmeniz belirliyor." diye size öğretiliyor.

Bunu kabul ettiğinizde "kurtuluyorsunuz". Bunu kabul edene kadar, yaşadığınız hayatın, yaptığınız seçimlerin, kendinizi geliştirmek ve değerli kılmak için yaptığınız hiçbir şeyin önemi yok, etkisi yok. Siz kendinizi değerli kılmaya *muktedir değilsiniz.* Çünkü siz doğuştan *değersizsiniz.*

Böyle *yaratıldınız.*

Neden? Tanrı bilir. Belki O bir hata yaptı. Belki yeniden yaratmayı arzu ediyor. Ama şimdi yapacak bir şey yok...

Benimle alay ediyorsun.

Hayır, sen Benimle alay ediyorsun. Diyorsun ki, Ben, Tanrı mükemmel olmayan şeyler yarattım. Şimdi onların mükemmel olmasını istiyorum. Mükemmel olmazlarsa cezalandırıyorum.

Diyorsun ki, milyonlarca yıldır dünya deneyimine rağmen, iyi olmanızı değil, iyi olmadığınız için kendinizi kötü hissetmenizi istiyorum. Bu nedenle de mükemmellik açlığımı gidermek için, daima mükemmel olan Bir Varlığı sizin kurtarıcınız olarak kabul etmenizi istiyorum. Diyorsun ki, Oğlum -sizin mükemmel insan dediğiniz- sizi mükemmelsizliğinizden kurtaracak; sizi mükemmel yaratmamış olduğumun *eksikliğinden.*

Bir başka deyişle, *Tanrı'nın oğlu sizi, Babasının günahlarından kurtarıyor.*

Çoğunuz buna inanıyor.

Şimdi söyle bana, kim kiminle alay ediyor?

Bu kitapta ikinci kez, köktendinci Hıristiyanlığa saldırıyorsun. Çok şaşırdım.

Sen "saldırı" sözcüğünü seçtin. Ben yalnızca bu konuya açıklık getiriyorum. Ayrıca bu yalnızca "köktendinci Hıristiyanlık" konusu değil. Bu Tanrı'nın doğası ve Tanrı'nın insanlarla ilişkisinin anlayışıdır.

Soru nerede başladı? Görevlerden bahsediyorduk. İlişkilere ve hayatın kendisine olan görevler.

Siz görevsiz bir ilişkiyi düşünemiyorsunuz. Çünkü kim ve ne olduğunuzu kabul edemiyorsunuz. Tüm yaşamsal özgürlüğe "Spritüel anarşi" diyorsunuz. Bense buna Tanrı'nın büyük sözü diyorum. Ancak bu söz içinde, Tanrı'nın planı tamamlanabilir.

İlişkilerde bir göreviniz yok. Yalnızca olanaklarınız var.

Olanak, görev değil, dinin daha da geniş anlamda spritüalizmin köşe taşıdır. Bunun tam tersi olarak gördüğünüzde, hedefi kaçırmış oluyorsunuz.

İlişkiler, her şeyle olan ilişkileriniz ruhun gelişimi için bir araçtır. Bu nedenle tüm insan ilişkilerinin kutsal temeli vardır. Her özel ilişki kutsaldır.

Bu yüzden kiliseler evliliğe kutsal olarak bakar. Fakat onların kutsallık anlayışı görevdedir, sınırsız olanaklarda değil. İlişkilerinizde asla görev duygusundan dolayı bir şey yapmayın. Kim Olduğunuza karar vermenize ve olmanıza imkan tanıyan şeyleri yapın.

Söylediklerini işitiyorum. Ama ilişkilerimde hep sıkıştığımda vazgeçtim. Çocukluğumda hep tek olduğuna inandığım ilişkilerden vazgeçtim. Bir ilişkiyi sürdürmenin ne olduğunu bile bilmiyorum. Acaba hiç öğrenebilecek miyim? Sürdürmek için ne yapmalıyım?

İlişkiyi sürdürmek bir başarıymış gibi konuşuyorsun. Süreyi, başarıyla karıştırma. Unutma, bu gezegendeki işin ilişkiyi ne kadar sürdürdüğün değil, Gerçekten Kim Olduğuna karar vermek ve deneyimlemektir.

Bu, kısa dönem ilişkileri yadsımıyor ama uzun dönem ilişkileri de gerektirmiyor.

Böyle bir gereksinme olmasa bile, uzun dönem ilişkiler şu olanakları tanıyor: *Birlikte* gelişim, *birlikte* ifade, *birlikte* doyum.... Ve bunun kendine göre ödülü büyük.

Biliyorum. Biliyorum. Bunu hep biliyordum. Bunu nasıl sağlayabilirim?

Öncelikle ilişkiye doğru nedenle girdiğini bil. (Burada

"doğru" sözcüğü görecedir. Doğru, hayatının daha büyük amacı doğrultusunda görecedir.)

Daha önce de söylediğim gibi, hala insanlar "yanlış" nedenlerle ilişkiye giriyor: yalnızlık, boşluğu doldurmak, sevilmek ya da sevebileceği bir kişi olduğu için. Bunlar *iyi* gerekçeler. Bazıları da egolarını korumak, depresyonlarına son vermek, cinsel yaşamlarını sağlamak, bir önceki ilişkilerinin üstesinden gelmek ya da ister inan ister inanma, can sıkıntısından kurtulmak için ilişkiye giriyor.

Bu gerekçelerin hiçbiri ilişkiyi sürdürmeye yetmiyor. İlişki boyunca bir şeyler değişmedikçe, ilişkinin başarısızlığı kaçınılmazdır.

Ben, ilişkilerime bu nedenlerden dolayı girmedim.

Bu doğru değil. İlişkilere neden başladığını bilmiyorsun. Bu konuda düşündüğünü de zannetmiyorum. İlişkilere bir amaçla bilinçli olarak girdiğini düşünmüyorum. İlişkilere girdin çünkü "aşık oldun".

Evet. Kesinlikle

Ve asla neden "aşık olduğunu" sorgulamadın. Neye tepki veriyordun? Hangi ihtiyaçların doyuma ulaşıyordu?

Çoğu insan için sevgi doyum ihtiyacının tepkisidir.

Herkesin ihtiyacı var. Kiminin buna, kiminin ona. İlişkilere her biriniz, *doyum ihtiyacını* karşılayacak bir şans olarak bakıyorsunuz. Böylece değiş tokuş yapıyorsunuz. Benim sahip olduğum şeyleri sana verirsem, senin sahip olduğun şeyleri bana verirsin.

Bu bir alışveriş ama bana doğruyu söylemiyorsun. "Seninle alışveriş ediyorum" demiyorsun "Seni seviyorum" diyorsun. Ve hayal kırıklığı başlıyor.

Bunu daha önce de anlattın.

Evet "sen de bunu daha önce yaptın". Bir kez değil çok kez.

Bazen bu kitabın kendini tekrar ettiğini düşünüyorum. Aynen hayat gibi.

Burada soruları sen soruyorsun. Ben de sadece yanıtlıyorum. Aynı soruyu, üç ayrı yolla sorsaydın, yanıtı sürdürecektim.

Belki de farklı bir yanıt bekliyorum. Sana ilişkiler hakkında soru sorduğumda romantizmi öldürüyorsun. Düşünmeden, aşık olmanın ne zararı var?

Hiçbir şey. İstediğin kadar kişiye aşık ol.
Ama hayat boyu bir ilişki istiyorsan, biraz düşünceyi katsan iyi olur.
Ama ilişkiden ilişkiye koşuyorsan ya da "kalman" gerektiği için bir ilişkide kalıp hayatını zehir ediyorsan, geçmişinin modellerini yeniden canlandırmaya çalışıyorsan... devam et.

Peki, peki anladım. Acımasızsın değil mi?

Gerçeğin sorunu bu. Gerçek acımasızdır. Her an karşına çıkar. Hiç beklemediğin şekilde, sana ne olduğunu gösterir. Bu da oldukça rahatsız eder.

Peki. Uzun süreli ilişkiler için araçları bulmak istiyorum. Ve ilişkilere bir amaçla girmenin bir yol olduğunu söylüyorsun

Evet, yeter ki eşinle amaçta fikir birliğine var. Eğer ikiniz de bilinçli bir şekilde, ilişkinin amacının görev değil, karşınıza çıkan bir imkan olduğuna karar veriyorsanız mesele yok. Bu gelişme imkanıdır; Kendini İfade etme imkanıdır; en yüksek potansiyelinize doğru yol alma imkanıdır; kendiniz hakkında her sağlıksız ya da küçük fikri iyileştirme imkanıdır. İki ruhun birleşmesi yoluyla Tanrı'ya ulaşma kararıdır. Eğer bu karar, bugüne dek aldığımız tüm diğer kararlardan farklıysa ilişki rayında başlamış demektir.

Bu hala başarının garantisi değil

Eğer yaşamda garanti istiyorsanız, hayatı istemiyorsunuz demektir. İstediğiniz, yazılan senaryoların provasıdır.

Hayat, doğası gereği garanti vermez. Garanti, amacı çarpıtır.

Tamam, anladım. Şimdi ilişkilerim için "iyi bir başlangıç" yaptım. Peki, nasıl sürdüreyim?

Zor durumlarla karşılaşacağını bil ve anla. Bu durumlardan kaçın. "Hoş geldin" de. Onları Tanrı'nın armağanı olarak gör. İlişkiye ve hayata sunulan imkanlar olarak gör. Zor durumlarda, partnerini düşman olarak, senin karşında cephe alan biri olarak görme. Hatta, kimseyi ve hiçbir şeyi düşman olarak ya da sorun olarak görme. Her sorunu olanaklar olarak görme tekniğini geliştir. Gerçekten...

Biliyorum, biliyorum, gerçekten Kim olduğuna karar vermen için karşına çıkan olanaklar.

Doğru! Anlıyorsun! Anlıyorsun!

Bu bana çok sıkıcı bir hayat gibi geliyor.

O zaman görüşünü çok dar tutuyorsun. Ufkunun boyutlarını genişlet. Görüşünü derinleştir. Kendinde gördüğünün ötesinde çok daha fazlası var. Partnerinde de öyle.

İlişki içinde bulunduğun insanların ve diğerlerinin yalnızca sana gösterdikleriyle yetinirsen, ilişkiye katkıda bulunamazsın. Çünkü çok daha fazlası var. Çok daha fazlası. Korkuları onları, sana kendilerini daha fazla göstermelerini engelliyor. Eğer, kendilerinin daha fazlasını gördüğünü hissederlerse, sana o güne kadar gördüklerinin ötesini gösterebilmek için de güven duyarlar.

İnsanlar, onlardan beklentilerimiz doğrultusunda davranıyor.

Evet, onun gibi bir şey. "Beklenti" sözcüğünden hoşlanmıyorum. Beklentiler ilişkileri *öldürüyor.* Ama insanların, onlarda ne görüyorsak, kendilerinde de onu gördüklerini söyleyebiliriz.

Onlar hakkında gördüğümüz daha geniş vizyonu onlara ne kadar *gösterebiliyorsak,* onlar da daha geniş boyutlarıyla ilişkiye geçiyor ve bize o boyutlarını da gösteriyorlar.

Gerçek ilişkiler, partnerleri böyle geliştirmiyor mu? Bu, iyileştirme sürecinin bir parçası değil mi? Bu süreç, insanlara kendileriyle ilgili düşündükleri sahte yargılardan "özgürleşmeleri" için, onlara verdiğimiz izin değil mi?

Bu kitapta, *sizin için* yaptığım da bu değil mi?

Evet.

Bu, Tanrı'nın işidir. Ruhun, sizi uyandırma işidir. Tanrı'nın işi herkesi uyandırmaktır. Bu işi, başkalarının Kim olduklarını görerek onlara kim olduklarını hatırlatarak yaparız.

Bunu iki şekilde yapabilirsiniz. Onlara Kim olduklarını hatırlatarak (çok zordur çünkü size inanmayacaklardır) ve Kim olduğunuzu hatırlayarak (daha kolaydır çünkü *onların* inancına değil, yalnızca kendi inancınıza ihtiyacınız var). Kim Olduğunuzu sürekli gösterdiğinizde onlara da Kim Olduklarını hatırlatıyor olacaksınız. Çünkü kendilerini sizde göreceklerdir.

Yeryüzüne Sonsuz Gerçeği göstermek için birçok Usta gönderildi. Bazıları da Ustaların söylediği Gerçeği netlikle ve enerjiyle size anlatmaları için elçi (mesaj iletici) olarak gönderildi.

Bu özel mesaj ileticiler olağanüstü iç görüye ve sonsuz gerçeği görebilmek ve algılayabilmek için özel yeteneklere sahip kişilerdir. Ve kitleler tarafından anlaşılabilmesi için kompleks kavramları sade dille ifade edebilme yeteneğine de sahiptirler.

Sen böyle bir ileticisin.

Ben mi?

Evet. Buna inanıyor musun?

Kabul etmesi çok zor. Yani, hepimiz özel olmak istiyoruz...

Hepiniz özelsiniz...

Burada ego devreye giriyor. En azından benim için, böylesine büyük bir görev için "seçilmiş" olmak kolay taşınabilir bir şey değil. Egomla sürekli savaş halindeyim, her düşüncemi, sözümü, davranışımı sürekli arındırmaya çalışıyorum, ama söylediğini kabul etmek çok zor. Çünkü egoma yöneldiğini hissediyorum. Oysa ömrümü egomu yenmek için uğraşmaya harcadım.

Biliyorum. Bazen de oldukça başarısızdın.

Kabul etmek zorundayım. Evet.

Ama, konu Tanrı'ya geldiğinde egondan vazgeçtin. Ne çok geceler, daha fazla farkındalık için yalvardın, iç görü için cennetten vazgeçtin, kendini zenginleştirmek yerine, "saf bilgi" arzusuyla kıvrandın.

Evet.

Ve bana eğer "bilirsen", hayatını (uyanık olduğun her anını) sonsuz Gerçeği başkalarıyla paylaşarak geçireceğine defalarca söz verdin...Ün kazanmak için değil, yüreğinin en derin arzusu olarak bunu hissettin. Başkalarının acılarına son vermek, haz ve mutluluk getirmek, yardım etmek ve iyileştirmek istedin. Başkalarının da -yüreğinde daima hissettiğin- Tanrı'yla partner olma duygusuyla bağlantılı olmalarını arzu ettin.

Evet. Evet.

Benim elçim olmayı *sen* seçtin. Sen ve nice diğerleri. Şu anda ve yakın gelecekte, dünyanın birçok çığırtkana ihtiyacı var. Dünyanın gerçek sözleri duyması, milyonların -iyileşmek için- duymak istedikleri sözleri işitmesi için birçok sese ihtiyacı var. Dünyanın ruhun işini yapması için, Tanrı'nın işini yapması için yüreklerin bir araya gelmesine ihtiyacı var. Bunun farkında olmadığını dürüstçe söyleyebilir misin?

Hayır.

Bunun için geldiğini dürüstçe yadsıyabilir misin?

Hayır.

O zaman bu kitapla, Kendi Ebedi Gerçeğine ve Benim Yüceliğimi telaffuz etmeye hazır mısın?

Bu konuştuğumuz son bölümü, kitaba dahil etmek zorunda mıyım?

Hiçbir şey yapmak *zorunda* değilsin. Unutma, ilişkimizde bir zorunluluk yoktur. Yalnızca olanak vardır. Bu olanağı hayatın boyunca beklemedin mi? Kendini bu misyona adamadın mı?
Ve gençliğinin en erken döneminden beri bu misyona hazırlanmadın mı?

Evet.

O zaman yapman gereken zorunluluk değil, olanaktır. Bu kitaba son konuşmalarımızı koymak konusunda, niçin koymamayı düşünüyorsun? Senin gizli bir elçi olmanı istediğimi mi düşünüyorsun?

Hayır, herhalde böyle olmamalı.

Tanrı'nın insanı olarak kendini sunmak, büyük cesaret ister. Dünya seni ne olursan ol daha çabuk kabul eder ama Tanrı'nın insanı olmak? Gerçek bir *elçi*? Her elçim aşağılandı. Ün ve yücelik bir yana, bol bol kalp ağrısı kazandı. Sen hazır mısın? Kalbin Benim Doğrumu söylemek için mi ağrıyor? İnsanların seninle alay etmesine katlanabilecek misin? Dünya rahatlığı için, kendini gerçekleştirmiş ruhun rahatlığından vazgeçmeye hazır mısın?

Bu söylediklerinle, işi ağırlaştırıyorsun Tanrı'm.

Seni kandırmamı mı isterdin?

Ama biraz daha aydınlık bir konuşma isterdim.

Hey, ben burada *aydınlanma* için varım. Bu bölümü hadi bir hikaye ile bitirelim.

İyi fikir. Var mı anlatacağın?

Hayır, ama senin var. Resim çizen küçük kızı anlat.

Oh, evet. Peki. Anne bir gün küçük kızını mutfak masasında renkli kalemleri her yere dağılmış, bir şeyler çizerken buldu. "Kızım, bu kadar yoğunlaşmış ne çiziyorsun?" diye sordu. Güzel kız, gözleri parlayarak, "Tanrı'nın resmini çiziyorum, anneciğim" diye yanıtladı. "Oh, tatlım, bu çok güzel, ama kimse Tanrı'nın neye benzediğini bilmiyor ki" diye yardım etmeye çalıştı anne. "Biliyorum" dedi küçük kız heyecanla "Ama lütfen *bitirene* kadar bekle".

Bu çok güzel bir hikaye. Güzel olan ne biliyor musun? Küçük kız asla beni nasıl *tamamlayacağından* şüphe etmedi....

Evet.

Şimdi de Ben sana bir hikaye anlatayım ve bu hikayeyle bölümü bitirelim.

Pekala.

Bir zamanlar, bir kitap yazmak için haftalar boyu saatlerini harcayan bir adam vardı. Günlerce, bazen gecenin bir yarısı, kalem kağıt elinde, her ilhamı yazmaya çalışıyordu. Bir gün, ona birisi ne yaptığını sordu. "Oh" diye yanıtladı adam "Tanrı'yla yaptığım uzun bir sohbeti yazıyorum."

"Çok güzel" dedi arkadaşı. "Ama biliyorsun ki, Tanrı'nın ne söyleyeceğini kimse asla bilemez." "Biliyorum" dedi adam gülerek "Ama lütfen bitirene kadar bekle"

~9~

"Gerçekten Kim Olduğunu" anlamanın kolay olduğunu düşünüyorsun, ama bu, hayatında mücadele vermek zorunda kaldığın en zor şey olabilir. Hatta, asla olamayabilirsin de. Çok az insan oluyor. Bir hayatta değil, birçok hayatta bile.

Öyleyse neden çabalayasın? Neden yıpranasın? Neden hayatı gördüğün gibi yaşayamayasın? Nasıl olsa anlamsız da yaşasan kaybetmen mümkün değil. Sonuçta herkes aynı sonuca varmayacak mı? Cezanın, cehennemin, kaybetmenin olmadığını söylüyorsun. O zaman neden kazanmak için çaba gösterilsin ki? Gitmemiz geren yere gitmek zaten bu kadar zorsa, bizi teşvik eden ne olabilir? Bu Tanrı meselesinde ve "Gerçekten Kim Olduğumuz" konusunda niye acele edelim ki? Nasıl olsa oraya varacağımızı söylemiyor musun?

Oooo, oldukça bıkkınız değil mi?

Evet, uğraşmaktan yorulduğum bir anda bana, tüm bu uğraşın ne kadar zor olduğunu, ancak milyonda bir kişinin bunu başaracağını söylüyorsun.

Evet, başarında yardımcı olacağım. Eğer izin verirsen. Zaten bu ana dek yeterince "acele etmediğini" söyleyebilirim. Bu çabanın ilk kez mi olduğunu sanıyorsun?

Hiçbir fikrim yok.

Burada daha önce olduğunu hiç hissetmedin mi?

Bazen. Evet çok kez.

Kaç kez

Çok kez. Bu bana cesaret mi vermeli

Sana ilham vermeli.

Nasıl?

Öncelikle bu endişeni ortadan kaldır; "Yapamam" endişeni. Amacının başarıya ulaşması konusunda seni rahatlatır. Yani *istediğin ve ihtiyacın olduğu kadar şansa* sahip olacağını bilirsin. Tekrar ve tekrar gelmeyi seçebilirsin. Bir sonraki basamağa ulaşırsan, bu da senin *seçimin* olur, *zorunluluğun* değil. Hiçbir şey yapmak *zorunda* değilsin. Eğer hayattan bu boyutuyla zevk alıyorsan, senin için bunun en "yüksek" olduğunu düşünüyorsan, bu deneyimi tekrar ve tekrar yaşabilirsin. Bu deneyimi zaten defalarca yaşadın. Aynen bu nedenden dolayı! Dramı *seviyorsun*. Acıyı *seviyorsun*. "Bilmemeyi", gizemi, merakı seviyorsun! Bütün bunları seviyorsun! İşte bundan dolayı *buradasın*!

Benimle dalga mı geçiyorsun?

Seninle böyle bir konuda dalga geçer miyim?

Bilmiyorum. Tanrı'nın şakasının ne olduğunu bile bilmiyorum.

Bu konuda değil. Bu "Gerçeğe", "Bilmeye" çok yakın. Sizinle "gerçek" hakkında asla şaka yapmadım. Zaten yeterince insan bu konuda, sizinle "dalga geçti". Sizin aklınızı daha fazla karıştırmak için değil, farkındalığınızı sağlamak için buradayım.

O zaman farkındalığımı sağla. Burada olmayı *istediğim* için mi buradayım?

Tabii ki. Evet.

Ben mi *seçtim*?

Evet.

Ve bu seçimi defalarca yaptım?

Çok kez.

Kaç kez.

Yine aynı soru. Tam rakam mı istiyorsun?

Tahmini bir şey söyle. Birkaç kez mi, bir düzine mi?

Yüzlerce.

Yüzlerce? Yüzlerce kez mi yaşadım?

Evet.

Ve geldiğim nokta bu?

Aslında oldukça uzun bir yol.

Oh, öyle değil mi?

Kesinlikle. Geçmiş hayatlarında insanları öldürüyordun.

Bunda ne kötülük var? Sen kendin, bazen kötülüğü sona erdirmek için savaşın gerekli olduğunu söylüyordun.

Bu konuyu açmamız gerekiyor çünkü bu sözümün yanlış anlaşıldığını defalarca gördüm. Tıpkı senin şu anda yaptığın gibi. Sözüm, haklı çıkmak için, tüm çılgınlığı rasyonalize etmek için kullanıldı.

İnsanların, en yüksek standart olarak algıladığı durumda bile öldürmek, kızgınlığı ifade etmek, öfkeyi bastırmak, "yanlışı düzeltmek" ya da cezalandırmak için kullanılamaz. Kötülüğü durdurmak için bazen savaşın gerekli olduğu doğru, senin hep yaptığın gibi. Kendini yaratmak için -ki bu tüm insan yaşamına saygıyı gerektiriyor- bu, önemli bir değer. Ama hayatı yok etmeniz için yaratmadım.

Yaşama saygı için, yaşama tehdidi önlemek için bazen savaş gereklidir. "Kim Olduğunuzu" bu ilişki için de ifade edersiniz.

En yüksek yasa için -ki bu yasaya uymak hepinizin görevidir- bir başkası ya da kendi üzerinizdeki saldırıyı durdurmak zorundasınız.

Bu yasa, ceza vermek için, farklılıkları ortadan kaldırmak için öldürmeyi uygun hale getirmiyor.

Geçmişinde bir kadının ilgisi için insan öldürdün ve buna "namusumu korumak" dedin. Aslında namusunu kaybediyordun. Münakaşaların çözümlenmesi için öldürmek aptalca bir yol. Hala birçok insan, bu aptalca yolu anlaşmazlıkları çözmek için kullanıyor. Bazıları "Tanrı adına" öldürüyor. Esas küfür budur. İşte iki yüzlülüğün tepe noktası. Ve bu, Kim Olduğunuzu asla ifade edemez. Öyleyse, öldürmek bazen "yanlış" olabiliyor. Geriye gidelim. Hiçbir şeyde "yanlış" yoktur. "Yanlış", "doğru" olduğunu söylediğiniz şeye göre görece bir kavramdır.

Peki, "doğru" nedir? Bu konuda gerçekten objektif olabilir misiniz? Yoksa "doğru" ve "yanlış", olaylara ve koşullara göre sizin tarifiniz ve kararlarınıza mı dayalı?

Ve kararlarınızın dayanağı ne? Kendi *deneyimleriniz* mi? Hayır. Çoğunlukla başkalarının kararını kabul etmeyi seçiyorsunuz. Sizden önce yaşayan biri ya da birilerinin sizden daha iyi bildiğini varsayıyorsunuz. Gündelik yaşamınızdaki "doğru" ve "yanlış" şeklindeki kararların çok azı *kendi* anlayışınız temelinde alınıyor.

Özellikle bu, önemli konularda geçerli. Hatta konu ne kadar önemliyse, kendi deneyiminize o kadar az kulak veriyorsunuz ve başkalarının fikrini, kendi fikriniz olarak kabul etmeye o kadar hazır oluyorsunuz.

Bu seçiminiz, neden hayatınızın bazı alanlarında ve sorularında kontrolü tümüyle elden bıraktığınızı açıklıyor.

Bu alanlar ve sorular, sıklıkla ruhunuzun en *önemli* konularını kapsıyor: Tanrı doğası, gerçek ahlak doğası, en yüksek gerçeğin sorgulanması, savaş, tıp, kürtaj, ötenazi, bireysel değerler, yargılar konusunda yaşam-ölüm seçimi.

Bu konularda karar vermeyi başkalarına bırakıyorsunuz. Kendi kararlarınızı vermek istemiyorsunuz. "Başkaları karar versin. Ben katılırım, ben katılırım!" diye bağırıyorsunuz. "Başkası bana lütfen neyin doğru, neyin yanlış olduğunu söylesin!"

İşte bu nedenle, dinler çok popüler ya. Hangi inanç sistemi olduğu önemli değil. Yeter ki katı, tutarlı ve takipçilerinin beklentilerine netçe yanıt versin. Bu özellikleri sunarsan, her şeye inanan takipçi bulabilirsin. En acayip davranış ve inançlar da Tanrıyla ilgili olanlardan doğuyor. Bu Tanrı yolu diyorlar; Tanrı'nın sözü. Her tür "Tanrı sözünü" kabul eden olacaktır. Hem de memnuniyetle. Çünkü *kabullenme*, düşünmeyi gerektirmiyor.

Şimdi öldürme üzerine düşünelim. Bir şeyi öldürmek için hiç haklı bir neden olabilir mi? Bu konuda size yol gösteren otoriteye, size yanıt veren yüksek kaynağa, eğer *düşünürseniz* ihtiyacınız yok. Düşünerek bakarsanız ve hissederseniz, yanıt sizin için net olacaktır. Ve bu yanıta göre davranacaksınız. Bu kendi iradenizi ve otoritenizi uygulamaktır.

Başkalarının iradesine göre davranırsanız, başınızı derde sokarsınız. Devletler ve ülkeler, kendi politik amaçları için öldürmeli mi? Dinler, kendi teolojik inançları için öldürmeyi kutsallaştırmalı mı? Toplumlar davranış kurallarını tehdit eden kişilere karşı öldürmeyi bir tepki olarak kullanmalı mı? Öldürme, uygun bir politik çözüm, spiritüel ikna ya da toplumsal sorunları çözme yolu mu? Biri sizi öldürmeye çalışıyorsa, onu öldürmek uygun mu? Sevdiğiniz biri uğruna öldürme gücünüzü kullanır mısınız? Hatta tanımadığınız biri uğruna?

Öldürmek ile cinayet arasında bir fark var mı? Devlet, öldürmenin kutsal bir politik davranış olduğunu savunur ve buna sizi inandırır. Hatta devletin bir güç merkezi olarak, bunu sürdürmek için sizin bu konudaki sözünüze ihtiyacı vardır.

Dinler, -bilgiyi yaymak ve canlı tutmak adına- savundukları "doğrular" için, öldürmenin kutsal olduğuna sizi inandırır. Hatta, dinlerin de bir güç merkezi olarak, bunu sürdürmek için sizin bu konudaki sözünüze ihtiyacı vardır.

Toplum, toplumsal değerler adına (bu asırlara ve toplumlara göre değişiyor) bazı davranışları ölümle cezalandırmanın doğru olduğuna sizi inandırır. Hatta toplum, ancak sizin sözünüzle kendi varlığını sürdürebilir.

Bu pozisyonların doğru olduğuna inanıyor musun? Yoksa başkalarının sözünü mü doğru olarak kabul ettiniz? *Kendi*niz bu konuda ne söylüyor?

Bu konuların "doğru"su, "yanlış"ı yok.

Ama kararlarınız, Kim olduğunuzun resmini çiziyor hatta bu kararlarınız, devletinizin, dinlerinizin ve toplumunuzun resmini çiziyor. Dinleriniz, bu kararlarla kalıcı etkiler yaratıyor. Toplumlar, kendi resimlerini ve konumlarını belirliyor.

Bu resimlerden memnun musunuz? Bu etkileri mi yaratmak istiyorsunuz? Bu resimler sizi temsil ediyor mu?

Bu sorulara dikkat edin. Düşünmenizi gerektirebilir.

Düşünmek zordur. Değer yargıları oluşturmak zordur. Sizi "saf yaratıcılık" noktasına getirir.

Çünkü, "Bilmiyorum, bilemiyorum" dediğiniz o kadar çok an var ki. Ama yine de karar vermek durumunda ve *seçmek* zorundasınız. Zorunlu bir seçim yapma konumundasınız.

Böylesine bir seçim (*daha önceki bireysel bilgiden* gelmeyen karar) saf yaratıcılıktır.

Birey, böyle bir kararın derinliğinin, *Kendi* yaratıcılığı olduğunun farkındadır.

Çoğunuz bu önemli çalışmayla ilgilenmez. Çoğunuz, kararı başkalarına bırakmayı tercih eder. İşte bu yüzden, çoğunuz kendi yarattığınız olmak yerine, alışkanlıklarınızın yaratığısınız. Tıpkı diğer yaratılmış yaratıklar gibi.

Alışkanlığınızın yaratığı olarak, size nasıl hissetmeniz gerektiği söylendiğinde bu, içinizde hissettiğinizle çatışır ve içinizde derin bir çelişki yaşarsınız. Ruhunuzun derinliğinde bir şey size, başkalarının söylediklerinin *Kim Olduğunuz* olmadığını söyler. O zaman ne yaparsınız?

Çoğunuz, önce (sizi bu çelişkiye sokanların onlar olduğunu bilmeden) dincilerinize koşarsınız: papazlarınıza, hahamlarınıza, öğretmenlerinize gidersiniz. Onlar da size *Kendinizi dinlemekten* vazgeçmenizi söyler. Daha katı olanları sizi korkutmaya da çalışır, sizi sezgisel bilginizden korkuyla uzaklaştırmaya çalışır.

Size şeytandan, kötü ruhlardan, cehennemden, lanetlenmeden, düşünebildikleri her kötü şeyden bahsederek, sezgisel olarak bildiğiniz ve hissettiğiniz şeylerin *yanlış* olduğunu söylerler. Rahatlığı hissedeceğiniz tek yer, *onların* düşüncesi, *onların* fikri, *onların* teolojisi, *onların* doğru ve yanlış tarifi ve *onların* Kim Olduğunuz hakkındaki bilgisidir.

Burada baştan çıkarıcı olan, onaylanmak için kabul etmenizin yeterli olmasıdır. Kabul ettiğinizde hemen onay alırsınız. Bazıları onayladıklarını şarkıyla, dansla ve kollarını havaya kaldırarak "Halleluya" diye bağırarak da gösterir.

Buna karşı koymak oldukça zordur. Böylesine onay ışığı gördüğünüz için böylesine kutlama... Ar ık *kurtarılmışsınızdır.*

Onaylamalara ve gösterilere, içsel kararlar çok az eşlik eder. Kutlamalar, kendi bireysel gerçeğinizin peşine gitmekte pek eşlik etmez. Hatta tam zıttı olur. Kutlama bir yana, sizinle alay ederler. Ne? *Kendin* için mi düşünüyorsun? *Kendi kendine* mi karar veriyorsun? *Kendi* ölçülerinle, *kendi* yargılarınla, *kendi* değerlerinle mi karar veriyorsun? Hey! *Sen kim olduğunu zannediyorsun?*

Kararınız aslında, *bu soruya yanıt vermek oluyor.*

Maalesef çalışmalarınız yalnız olmayı gerektiriyor. Ödülsüz, onaysız, hatta dikkat çekmeksizin.

Ve kendinize şu soruyu soruyorsunuz: Neden? Neden bu yolu seçmeliyim? Bu yola girmenin anlamı ne? Ödülü ne? Nedeni ne?

Neden çok basit.

Çünkü YAPACAK BAŞKA ŞEY YOK.

Ne demek istiyorsun?

Çünkü artık denemediğiniz tek oyun. Başka yapacak bir şey yok. Gerçekten, yapabileceğiniz başka şey yok. Hayatınızın geri kalan bölümünde de bu yaptığınızı yapacaksınız. Tıpkı, doğumdan beri yapmış olduğunuz gibi. Soru, sadece bunu bilinçli mi bilinçsiz mi yapacağınız.

Yolculuktan vazgeçemezsiniz. Çünkü doğumdan önce bu yolculuğa başladınız. Doğumunuz yalnızca yolculuğun başladığı ilk kilometre taşı.

Bu nedenle soru "Neden bu yolu seçeyim?" olamaz. Zaten başlamışsınız. Yüreğinizin ilk atışıyla yolculuğa başladınız. Soru ancak şu olabilir: "Bu yolda bilinçli olarak mı, bilinçsizce mi ilerlemeyi seçiyorum? Farkındalıkla mı, otomatik olarak mı? Deneyimlerimin nedeni olarak mı, sonucu olarak mı?"

Yaşamınızın çoğu, deneyimlerinizin sonucunu yaşamakla geçti. Şimdi, nedenlerini oluşturmaya davet ediliyorsunuz. İşte bu, bilinçli yaşamaktır. İşte bu, *farkındalıkla yol almaktır.*

Çoğunuz epey yol aldınız. Bu hiç de azımsanacak bir gelişim değil. "Bunca zamandan sonra, 'ancak' bu hale gelebildim" diyerek kendinize haksızlık etmeyin. Bazılarınız Kendinden emin, hayli gelişkin varlıklarsınız. Kim olduğunuzu ve ne olmak istediğinizi biliyorsunuz. Hatta hangi adımları atacağınızı bile biliyorsunuz.

Bu büyük bir işaret

Neyin?

Çok az sayıda yaşamlarınızın kaldığının

Bu iyi mi?

Şimdi öyle, senin için. Çünkü böyle olmasını istiyorsun. Bir süre önce tek istediğin, burada kalmaktı. Şimdi ise tek istediğin terk etmek. Bu, iyi bir işaret.

Kısa bir süre önce, böcekleri, bitkileri, ağaçları, hayvanları, insanları öldürüyordun. Şimdi ise neden ve niçin olduğunu bilmeksizin hiçbir şeyi öldüremiyorsun. Bu çok iyi bir işaret.

Kısa bir süre önce, amaçsız bir yaşam sürüyordun. Şimdi ise kendine *verdiğin* amaç dışında bir amacın olmadığını *biliyorsun*. Bu çok iyi bir işaret.

Kısa bir süre önce, evrene, sana gerçeği sunması için yalvarıyordun. Şimdi ise evrene *Kendi gerçeğini söylüyorsun*. Bu çok iyi bir işaret.

Kısa bir süre önce, zengin ve ünlü olmayı istiyordun. Şimdi ise sadece ve harikulade bir şekilde Kendin Olmayı istiyorsun.

Kısa bir süre önce Benden korkuyordun. Şimdi ise Beni

Seviyorsun ve eşitin olarak görüyorsun. Bunlar çok, çok iyi işaretler.

Hadiii. Beni iyi hissettiriyorsun.

İyi hissetmelisin. Hadiii diyen kişi kötü olamaz.

Gerçekten şakacısın, değil mi?

Şakayı keşfeden Benim.

Biliyorum, bunu daha önce söylemiştin. Tamam böyle olmasının nedeni, yapacak başka bir şey olmaması. Burada olan da bu.

Aynen.

Peki, şu soruyu sorayım. Hiç olmazsa gittikçe daha kolaylaşacak mı?

Oh, sevgili arkadaşım, *şu* anki durumunun üç hayat öncesine göre ne kadar kolay olduğunu sana anlatamam.

Evet, evet. Kolaylaşacak. Daha fazla hatırladıkça, daha fazla deneyimledikçe, daha fazla bileceksin. Daha fazla bildikçe, daha fazla hatırlayacaksın. Bu bir daire. Oh, evet, her şey daha kolaylaşacak, daha iyileşecek ve daha haz verecek.

Ama unutma, *hiçbiri* aslında kötü değildi. *Hepsini* sevdin. Son dakikasına kadar!

Oh, hayat denilen şey ne harikulade, Hayat enfes bir deneyim değil mi?

Herhalde.

Herhalde mi? Her hali nasıl daha enfes yapabilirim? Her şeyi deneyimlemedin mi? Gözyaşları, haz, acı, mutluluk, coşku, yoğun depresyon, kazanmak, kaybetmek? Geride daha ne var?

Belki biraz daha az acı.

Bilgelik getirmeyen daha az acı, amacını gerçekleştirmez. Sınırsız hazzı deneyimlemene de izin vermez. Oysa Ben Sınırsız Haz Olan'ım. Sabırlı ol. Olgunlaşıyorsun. Ve hazzın, gittikçe *acısız* olarak gerçekleşiyor. Bu da çok iyi bir işaret. Acısız sevmeyi (hatırlamayı) öğreniyorsun, acısız bırakmayı, acısız yaratmayı, hatta acısız ağlamayı öğreniyorsun. Evet, acısız acı çekmeyi bile hatırlama gücün var. Eğer, ne dediğimi anlayabilirsen.

Anladığımı sanıyorum. Hayatımdaki dramlardan bile daha çok haz alıyorum. Onları gözlemleyerek ne olduğunu görebiliyorum. Hatta gülebiliyorum da.

Evet. Ve buna gelişme demiyor musun?

Öyle olmalı.

Gelişmeye devam et oğlum. Olmaya devam et. Kendinin bir yüksek versiyonu olmak için, ne olmak isteğine karar ver. Bu amaca yönel! Devam et! Devam et! Bu, seninle birlikte yaptığımız Tanrı işi. Devam et!

~10~

Seni seviyorum, biliyor musun?

Biliyorum. Ben de seni seviyorum.

~11~

Soru listeme geri dönmek istiyorum. Her bir soruyu, daha derinlemesine irdelemek istiyorum. Sadece ilişkiler üzerine bile bir kitap yazabiliriz, bunu biliyorum. Ama o zaman da diğer sorularıma sıra gelmez.

Başka zamanlar, başka yerler de, başka kitaplar da olacaktır. Daima seninleyim. Zamanımız olursa daha sonra ilişkiler konusuna dönebiliriz.

Pekala. O zaman bir sonraki soruya geçelim: Neden yaşamıma bir türlü yeterli miktarda para çekemiyorum? Ucu ucuna yaşamak, hep benim kaderim mi olacak? Para konusunda potansiyelimi gerçekleştirmeyi engelleyen şey ne?

Bu durum yalnızca senin değil, çoğu insanın yaşadığı bir durum.

Herkes bunun özdeğer sorunu olduğunu söylüyor. Birçok New Age öğretmeni, herhangi bir şeyin yoksunluğunun daima özdeğer yoksunluğu olduğunu söylüyor.

Bu basitçe bir açıklama tarzı. Ama bu konuda öğretmenlerinin yanlış olduğunu söyleyeyim. Sen hiç de özgüvenden yoksun değilsin. Hatta, Yaşamın boyunca en büyük mücadelen, egonu kontrol altında tutmaya çalışman oldu. Senin sorunun, *çok fazla* özdeğere sahip olman!

İşte beni yine utandırdın. Ama haklısın.

Sana kendin hakkında her doğruyu söylediğimde utandığını söylüyorsun. *Utanç duymak, başkasının kendisini nasıl gördüğüne ego yatırımı olan kişinin gösterdiği tepkidir.* Bu tepkini aş. Yeni bir tepki dene. Örneğin; kahkaha at.

Tamam.

Sorunun özdeğer değil. Yeterince özdeğere sahipsin. Çoğunuz için de bu böyle. Çoğunuz kendinizin çok değerli olduğunuzu düşünüyorsunuz. Böyle düşünmek de hakkınız. Bu yüzden, birçoğunuz için değerli olmak bir sorun değil.

Peki ne?

Bolluk prensibini anlayamıyorsunuz ve "iyi" ile "kötü" kavramları hakkında yanlış yargılara sahipsiniz. Sana bir örnek vereyim.

Lütfen!

Zihninizde paranın kötü olduğuna dair bir düşünce var. Aynı zamanda Tanrı'nın iyi olduğuna dair bir düşünce de taşıyorsunuz. Böylece, düşünce sisteminizde. Tanrı ve para bir araya gelemiyor.

Bu bir bakıma doğru. Böyle düşünüyorum.

Bu yüzden de yaptığınız "iyi" bir şey için para almakta zorlanıyorsunuz. Eğer bir şey sizin tarafınızdan "iyi" olarak nitelendiriliyorsa, ona parasal olarak daha az değer biçiyorsunuz. Yani bir şey ne kadar "daha iyi" ise (daha değerliyse) daha *az* para değeri olmalıdır.

Bu konuda yalnız değilsin. Tüm toplumunuz buna inanıyor. Öğretmenleriniz çok az para kazanırken, striptizcileriniz bir servet kazanıyor. Liderleriniz, spor kahramanlarınıza göre çok daha az kazandığı için, onlar da aradaki farkı çalarak kapatmaya çalışıyor. Gerçek sanatçılarınız bin bir zorlukla yaşarken, dansözlerinizi şarkıcılarınızı para yağmuruna tutuyorsunuz.

Düşünün! Değerli bulduğunuz şeylerin ucuz olması gerektiğini düşünüyorsunuz. Zavallı bilim insanınız AIDS'in tedavisi için yapacağı araştırmaya fon bulmak için çırpınırken seks yapmanın bin bir yeni yolu üzerine kitap yazan biri servet kazanıyor. İç dünyanızı keşfetmenizde size yardımcı olacak bir psikoloğun aldığı para size çok gelirken, falcılara, büyücülere gözünüzü kırpmadan ödeme yapıyorsunuz.

Bu ters değer yargılarınız, yanlış düşüncenizden kaynaklanıyor. Parayı hem sevdiğinizi söylüyor hem de her kötülüğün kaynağı olarak görüyorsunuz. "Pis zengin" diyorsunuz. "İyi" şeyler yaparak zengin olan bir kişiden hemen şüphe ediyor, onun ne kadar "kötü" biri olduğunu kanıtlamaya çalışıyorsunuz. Bir doktor, bir spirütüel öğretmen asla çok para kazanmamalı. Ama bir şarkıcı, bir modacı? Zihninizde, *yüksek idealleri olan ve yararlı şeyler yapan insanlar en az para kazanan insanlar olmalı...*

Hımmm.

Evet, "hımmm" doğru. Bunu düşünün. Çünkü yanlış bir düşünce.

Yanlış ve doğru diye bir şey olmadığını sanıyordum.

Yok. Size hizmet eden ve etmeyen şey var. "Doğru" ve "yanlış" görece kavramlar ve bunları yararlılık açısından kullanıyorum. Size yararlılığı açısından, arzu ettiğinizi söylediğiniz şeyler açısından yanlış düşündüğünüzü söylüyorum. Parayı arzu ettiğinizi söylüyorsunuz ama para hakkındaki düşünceleriniz yanlış.

Unutma! Düşünce yaratıcıdır. Paranın kötü, kendinin iyi olduğunu düşünüyorsan... çelişkiyi görebilirsin.

Şimdi bu çelişki, çoğu insan için senin ki kadar büyük değil. Çoğu insan, para kazanmak için yaptığı işten nefret ediyor. Bu yüzden çalışmaları karşılığında para almak onları rahatsız etmiyor.

Bir bakıma "kötü"nün karşılığında "kötü"yü alıyorlar denilebilir. Fakat sen hayatının bu döneminde yaptığın işi çok seviyorsun. Öylesine zevkle yapıyorsun ki, yorgunluk bile duymuyorsun.

Bu yüzden yaptığın çalışmanın karşılığında çok para kazanmak, düşünce sistemine göre "iyi"nin karşılığı olarak "kötü"yü almak oluyor. Bunu da zihnin kabul edemiyor. Hizmetinin karşılığını "pis para" ile almaktansa açlık çekmeyi tercih ediyorsun... sanki para alırsan hizmetin saflığını yitiriyormuş gibi.

Böylece para konusunda ikilem yaşıyorsun. Bir tarafın parayı reddederken, diğer tarafın, kazanamadığın için öfke duyuyor. Ve evren bu konuda ne yapacağını bilemiyor. Çünkü senden iki zıt mesaj alıyor. Bu konuda net bir fikrin yok. Senin için neyin doğru olduğuna emin değilsin.

Evren devasa bir fotokopi makinesidir. Sürekli düşüncelerini kopyalayarak çoğaltır.

Bunu değiştirmek için tek bir yolun var: bu konuda *düşüncelerini* değiştirmek!

Nasıl düşündüğümü nasıl değiştirebilirim? Bir şeyi öyle düşündüğüm için, düşünüyorum. Düşüncelerim, fikirlerim bir dakikada yaratılmadı ki. Yılların deneyimlerinin sonucuyla oluştu. Para hakkında söylediğin gibi düşündüğüm doğru ama bunu nasıl değiştirebilirim?

Bu soru, kitaptaki en ilginç soru olabilir. Çoğu insan için normal yaratma süreci üç basamaktan oluşuyor: düşünce, söz, aksiyon (yapmak) Önce düşünce geliyor; oluşan fikir; ilk kavram. Sonra söz geliyor; çoğu düşünceler kendilerini söze dönüştürerek şekillendiriyor ve sonra da yazılıyor ya da söyleniyor. Bu düşünceye daha fazla güç vererek enerjisini arttırıyor. Dünyaya sunularak, başkalarının da dikkatini çekmesi sağlanıyor.

En son olarak; sözler uygulamaya konuluyor ve sonuç elde ediliyor. Fiziksel dünyada ortaya çıkan her şeyin başlangıcı düşüncedir.

Etrafınızda insan yapımı olan her şey bu süreçten geçiyor. Üç yaratıcı merkez de kullanılıyor.

Ama şimdi soru geliyor: Çekirdek düşünceyi nasıl değiştirebilirsin?

Evet, çok güzel bir soru ve de çok önemli. Çünkü eğer insanlar bazı çekirdek düşüncelerini değiştirmezlerse, insanlığı yok oluşa doğru sürükleyebilirler.

Çekirdek düşünceyi, kaynak düşünceyi değiştirmenin en çabuk yolu, *düşünce-söz-yapma sürecini tersine çevirmektir.*

Bunu açıkla.

Sahip olmak istediğin yeni düşünceye göre davran. Yeni düşünceye uygun olarak söz söyle. Bunu sıklıkla yaptığında zihnini yeni bir yolla düşünmesi için eğitirsin.

Zihni eğitmek mi? Bu zihin kontrolü değil mi? Mental manipülasyon değil mi?

Şu anda zihninde varolan düşüncelere nasıl sahip olduğun hakkında bir fikrin var mı? Dünyan, senin zihnini, böyle düşünmen için maniple etmedi mi? *Dünyanın zihnini maniple etmesi yerine, bunu kendinin yapması daha iyi bir yol değil mi?*

Başkalarının düşünceleri yerine, kendi istediğin düşünceleri düşünmek sana daha yararlı değil mi? Reaktif (tepkisel) düşünceler yerine yaratıcı (etkisel) düşüncelerle donanmış olmak daha iyi değil mi? Ama zihnin reaktif düşüncelerle dolu. Başkalarının aktif olduğu, başkalarının deneyimlerinden kaynaklanan düşüncelerle dolu. Düşüncelerinin çok azı, bırak kendi seçimlerini, kendi ürettiğin verileri içeriyor.

Para hakkındaki çekirdek düşüncen bunun iyi bir örneği. Para hakkında düşüncen (para kötüdür) kendi deneyiminle (paralı olmak harikuladedir) çatışıyor. Ve böylece kendi deneyimin hakkında çekirdek düşünceni haklı çıkarmak için yalan söylüyorsun. Bu düşünceye öyle çakılıp kalmışsın ki, düşüncenin *doğru olmayabileceğini* bile sorgulamıyorsun.

Şimdi kendi üretimin olan verilere bakalım. Ancak böyle

çekirdek düşünceni değiştirebiliriz, ancak böyle çekirdek düşüncen, başkalarından değil kendinden kaynaklanır. Para hakkında bir çekirdek düşüncen daha var.

O ne?

Yeterince yok. Ha ha! Bu çekirdek düşüncen her şey ile ilgili. Yeterince para yok, yeterince zaman yok, yeterince sevgi yok, dünyada yeterince yiyecek, su, anlayış yok. İyi olan hiçbir şeyden yeterince yok. Bu, "yeterince yok"luğun kolektif bilinci, gördüğün dünyayı tekrar ve tekrar yaratıyor.

Pekala. Para hakkında iki çekirdek düşüncem var.

Oh, en az iki tane var. Hatta daha çok var. Para kötüdür... para kazanmak zordur... Tanrı'nın işini yaparak para kazanamazsın (bu senin için baskın olan)... para ağaçta yetişmiyor... para ahlak bozar.

Ooo, yapacak çok işim var.

Evet, eğer şu andaki parasal durumundan mutlu değilsen. Ayrıca, şunu anlamak da önemli: Şu andaki para durumundan mutsuzsun, *çünkü* şu andaki para durumundan mutsuzsun.

Bazen, seni takip etmem zor oluyor.

Bazen, sana yol göstermek zor oluyor.

Hey, dinle! Tanrı sensin. Neden bunu anlamayı daha kolay hale getirmiyorsun?

Kolay hale getirdim.

Eğer gerçekten anlamamı istiyorsan, neden gerçekten anlamamı sağlamıyorsun?

Sen gerçekten neyi istiyorsan, Ben gerçekten onu isterim. Ne farklı ne de daha fazla bir şey. Bunun, Benim sana en büyük armağanım olduğunu görmüyor musun? Eğer senin kendin için istediğinden daha farklı bir şeyi senin için istersem, hatta bunu sağlarsam, özgür iraden nerede kalır? Ne olman, yapman, sahip olman gerektiğini sana dikte edersem, yaratıcılığına ne olur? *Benim hazzım, senin özgürlüğünde, itaatinde değil.*

Pekala, "para durumumdan mutsuzum çünkü para durumumdan mutsuzum" bu ne demek oluyor?

Ne düşünüyorsan O'sun. Düşünce olumsuzsa kısır bir döngü oluşturuyor. Döngü'yü kırmak için bir yol bulman gerekiyor.

Şu andaki deneyimlerinin kaynağı, daha önceki düşüncelerindir. Düşünce deneyimi yaratır, deneyim düşünceyi pekiştirir, düşünce yine benzer deneyimi yaratır. Eğer Çekirdek düşünceniz haz doluysa, bu, yaşamınızda sürekli haz yaratır. Olumsuzsa sürekli cehennem yaratır.

Yol, Çekirdek düşünceyi değiştirmektir. Sana nasıl yapacağını göstereceğim.

Devam et.

Öncelikle düşünce-söz-aksiyon paradigmasını tersine çevir. "Adım atmadan önce düşün" sözünü biliyorsun, değil mi?

Evet.

Unut onu. Çekirdek düşünceni değiştirmek istiyorsan önce adım atmalısın.

Örneğin; yolda yürüyorsun ve ihtiyar bir kadın para dileniyor; onun bu ihtiyar haliyle gün be gün yaşadığını fark ediyorsun. İlk tepkin ona cebindeki paranın bir kısmını vermek oluyor. Elini cebine atıyor ve çıkardığın paranın beş dolar olduğunu görüyorsun. Tam verecekken düşünce devreye giriyor. Ne yapıyorsun? Deli misin? Cebinde zaten topu topu yedi dolar var. Ona beşini verirsen, sana iki dolar yeter mi? Bu kez cebindeki tek dolarlardan birini bulmaya çalışıyorsun. Yine düşünce: Hey! Onlardan sende çok yok ki *vermeye* kalkıyorsun. Ona bozuk para ver de gidelim. Elini öbür cebine atıp bozuk para bulmaya çalışıyorsun. Bir yandan da utanıyorsun. Senin burada karnın tok, sırtın pek ve ihtiyar kadın için bozuk para arıyorsun. Eline küçük madeni paralar geliyor. En büyük madeni para birimini bulmak için elini cebinde biraz daha dolaştırırken kadının önünden çoktan uzaklaşmış olduğunu fark ediyorsun. Artık geriye dönmek de istemiyorsun. İhtiyar kadına katkın olmuyor. Kendine de. Bolluk bilinciyle paylaşmanın hazzını yaşamak yerine, kendini o kadın kadar fakir hissediyorsun.

Neden, kadına kağıt parayı vermedin! İlk tepkin buydu. Ama düşüncen davranışını engelledi. Bir daha ki sefer, düşünmeden yapmaya karar ver. Parayı ver. Onun kaynağında daha çook var. Seni o fakir kadından ayıran tek şey düşüncen. Sen paranın yine sana geleceğini biliyorsun. O ise bilmiyor.

Çekirdek düşünceni değiştirmek istiyorsan, yeni düşüncene göre davran. Ama bunda çabuk olmalısın, yoksa zihnin yeni düşünceni hemen öldürür. Öldürmeyi kelimenin gerçek anlamıyla söylüyorum.

Yeni bir gerçek, yeni bir düşünce, *daha onu uygulamaya fırsat bulamadan ölecektir.*

Karşına fırsat çıktığında, hemen yeni düşünceni uygula. Bunu sıklıkla yaparsan, bir süre sonra zihnin yeni mesajı algılayacaktır ve artık senin düşüncen haline gelecektir.

Oh, şu anda bir şeyi anladım! Yeni Düşünce Hareketi denilen bu olsa gerek?

Değilse bile olmalı. Yeni düşünce, senin tek şansın. Gerçekten Kim Olduğuna doğru seni geliştirecek olan tek gerçek imkanın. Zihnin, şu anda eski düşüncelerle dolu. Sadece eski düşünceler değil, başkalarının eski düşünceleri. Düşünceni bazı konularda değiştirme zamanı.

Evrimleşme, gelişme denilen şey zaten bu.

~12~

Hayatımda hem istediğim şeyi yapmayı hem de para kazanmayı niye hala beceremiyorum?

Ne? Hayatından hem zevk almak, hem de para kazanmak istiyorsun, ha? Kardeşim sen rüya görüyorsun!

Ne?

Sadece şaka yapıyorum. Biraz zihin okuyorum da. Öyle düşünmüyor musun?

Deneyimlerim öyle.

Evet, bu konuda defalarca konuştuk. Yapmayı sevdikleri işten geçimlerini sağlayan insanlar, bu konuda ısrarcı olanlardır. Onlar vazgeçmiyor, bıkmıyor. *Sevdikleri şeyi yapmalarına izin vermeyen hayatı kabul etmiyorlar.*

Burada bir noktaya daha dikkat etmeliyiz. Çünkü yaşam amacına uygun iş denildiğinde çoğu insanın gözden kaçırdığı nokta bu oluyor.

Nedir bu?

Olmak ile yapmak arasında fark vardır ve çoğu insan "yapmak" üzerinde yoğunlaşıyor.

Yapmamalı mı?

Burada "yapmaktan" değil, seçmekten ve seçtiğin şeye nasıl sahip olacağından konuşuyoruz. Huzuru, sevgiyi, hazzı, mutluluğu ve doyumu seçersen bunlara bir şeyler "yaparak" ulaşamazsın. Ruhunun gelişmesini seçiyorsan, -bedenin dünyasal aktiviteleri ile- bir şeyler yaparak amacına ulaşamazsın.

Yapmak bedenin fonksiyonudur. *Olmak* ruhun fonksiyonudur. Beden daima *bir şeyler* yapar. Ya ruhunun doğrultusunda bir şeyler yaparsın ya da ruhuna rağmen.

Ruh daima *olandır.* Ne yaparsan yap. Hayatını yapmak belirliyorsa ne olduğunu anlayamazsın. Ruhun, hayatını kazanman için ne yaptığınla ilgilenmez. Hayatın sona erdiğinde sen de ilgilenemeyeceksin. Ruh, ne *yapıyorsan* yap, ne *olduğunla* ilgilenir.

Ruh olmak boyutundadır, yapmak boyutunda değil.

Ruh ne olmak istiyor?

Ben.

Sen?

Evet, Ben. Ruhun Ben'dir ve bunu bilir. Yaptığı şey, Ben'i deneyimlemeye çalışmaktır. Bu deneyimi yaşayabilmek için hatırladığı şey *hiçbir şey yapmamaktır*. Ruh sadece olmak istiyor.

Ne olmak?

Ne olmak istersen. Mutlu. Üzgün. Zayıf. Güçlü. Doyumlu. İntikamcı. İç görülü. Kör. İyi. Kötü. Erkek. Kadın. Sen *isimlendir*. Evet. *İsmini sen koy*.

Bu söylediklerin çok derin ama benim kariyerimle ne ilgisi var? Ben burada yaşamı sürdürme mücadelesi veriyorum. Kendime ve aileme bakmak, sevdiğim şeyi yapmak istiyorum.

Olmak istediğin şeyi, olmaya çalış.

Ne demek istiyorsun?

Bazı insanlar, ne yaparlarsa yapsın çok para kazanıyorlar. Bazıları ise sürünüyor... Ve ikisi de *aynı şeyi yapıyor* olsa da. Aradaki fark ne?

Bazıları daha yetenekli.

Bu doğru. Ama ikisinin de eşit yetenekte olduğunu düşünelim. İkisi de üniversiteyi bitirmiş, ikisi de okul birincisi olsun. İkisi de bilgilerini yetenekleriyle birleştirmiş olsun. Ama biri diğerinden çok daha iyi bir yerde. Peki bu ne? Konum.

Konum?

"Yeni bir işe başladığında üç şeye önem ver: Konum. Konum. Konum" diye bilinen bir söz vardır. Bir başka deyişle, ne yaptığından çok, yerinin nerede olduğu önemli.

Kesinlikle evet.

Bu benim soruma da yanıt olabilir. Ruhun yalnızca nerede olduğunla ilgilenir.

Hangi yerdesin? Yerin korku mu yoksa sevgi mi?

Neredesin? Ve nereden geliyorsun?

Örneğimizdeki eşit niteliklere sahip kişilerden birinin başarılı olup, diğerinin olmaması, ne yaptıklarından değil nerede olduklarından kaynaklanıyor. İlki açık, dostça, yardımsever, ilgili, neşeli, işinden zevk aldığını gösteren biridir. İkincisi, soğuk, mesafeli, asık suratlı, başkalarına ilgisiz, hatta işini bir lütuf sunarmış gibi yapan biridir.

Daha da geniş olma boyutlarını seçtiğini düşünürsen? İyiliği, anlayışı, affetmeyi, sevgiyi... Tanrısallaşmayı seçersen nasıl bir deneyimin olur?

Olmak isteği kendisine *olmak* halini çeker. Ve olmak deneyimini yaratır. Bu gezegende bedeninizle bir şey üretmek için değil, ruhunuzla bir şey üretmek için varsınız. Bedeniniz yalnızca ruhunuzun kullandığı bir araç. Zihniniz ise bedenin hareketini sağlayan bir güç. Elinizdeki güç araçları, ruhunuzun arzusunu yaratmak için var.

Ruhun arzusu ne?

Evet, nedir?

Bilmiyorum. Sana soruyorum.

Bilmiyorum. Sana soruyorum.

Bu diyalog sonsuza dek böyle sürebilir.

Zaten öyle oluyor.

Bir dakika! Biraz önce Sen, ruhun Sen olmak istediğini söylemiştin.

Öyle

Öyleyse ruhun arzusu bu.

En geniş anlamda, evet. Fakat bu Ben çok boyutlu, çok duyulu, çok yönlü olmayı arzu ediyor. Benim milyon boyutum var. Milyar, trilyar. Sonsuz... Görüyor musun? Yüzeysel ve derin, daha az ve daha çok, boş ve dolu, kaba ve ince, ilkel ve tanrısal. Görüyor musun?

Evet, evet, görüyorum... aşağısı ve yukarısı, sol ve sağ, burada ve orada, önce ve sonra, iyi ve kötü....

Ben Alfa ve Omega'yım. Bu çok geniş bir Gerçek.
Bu nedenle, Ben olma arayışında ruhun işi büyük. Olmak seçimi için önünde devasa bir menü var. Şu an ve her an da yaptığı bu.

Olmak boyutlarını seçmek.

Evet. Seçtiği deneyimi yaratmak için de doğru ve mükemmel *koşullar* üretir. Bu nedenle senin en "iyiliğin" için olmayan bir şey, ne sana olur ne de senin başına gelir.

Yani ruh, yalnızca yaptığım değil, bana yapılan şeyleri de deneyim olarak yaratıyor mu diyorsun?

Ruh seni, neyi deneyimlemeyi planlıyorsan, o deneyimleri yaşamana *imkan verecek* koşullara doğru itiyor da diyebiliriz. Nasıl deneyimlediğin ise sana bağlı. Bu, planladığın deneyim de olabilir, başka bir şey de.

Neden deneyimlemeyi istemediğim şeyi seçeyim ki?

Bilmiyorum. Neden?

Ama beden ve zihin ruhun seçimine nasıl karşı çıkabilir? Ruh daima kendi seçimini uygulatmaz mı?

Ruhun, geniş anlamda, onun isteğinin bilinçli olarak farkında olduğun anı bekler. Ona haz dolu birliktelikte katılmanı ister. Fakat ruh asla isteğini, şu anda ki bilinçli fiziksel boyutuna empoze etmez. Bunu yapması Kendi doğasına aykırıdır ve mümkün değildir.

Spirit, asla kendi isteğini ruhunuza empoze etmez. Bu, spiritin doğasına aykırıdır. Ve empoze etmesi kelimenin tam anlamıyla imkansızdır.

İmkansızlık bu noktada biter. Zihin sıklıkla kendi isteği doğrultusunda bedeni kontrol etmek ister.... ve başarır da. Benzer şekilde, beden sıklıkla zihni kontrol etmeye çalışır.... ve çoğu kez başarır da.

Fakat beden ve zihin birlikte ruhu kontrol etmek için bir şeyler yapmaya çalışmaz. Çünkü ruh tümüyle ihtiyaç duymaktan özgürdür. (Beden ve zihin dikte etmeye ihtiyaç duyar) Bu nedenle beden ve zihnin istediğini yapmasına asla karışmaz.

Ruh başka türlüsünü istemez ki. Varlığın (sizin) Kendisinin Gerçekten Kim Olduğunu bilmesi kendi yaratıcılığı yoluyla olduğu için, yaratıcılık onun bilinçli seçimiyle olmak zorundadır, bilinçsizce itaat ederek değil.

İtaat yaratıcılık değildir. Bu nedenle asla kurtuluşu özgürlüğü sağlayamaz. İtaat, bir tepkidir, yaratıcılık ise, dikte edilmeyen, zorunlu olmayan saf seçimdir. Saf seçim, şu ana ait en yüksek düşüncenin saf yaratıcılığıyla özgürlüğü (kurtuluşu) sağlar. Ruhun fonksiyonu, arzusunu *fark ettirmektir, empoze* etmek değil.

Zihnin fonksiyonu, alternatifler arasında *seçim* yapmaktır. Bedenin fonksiyonu bu seçimi *uygulamaktır.*

Beden, zihin ve ruh uyum ve birlik içinde yarattığında, Tanrı ete kemiğe bürünmüş olur. İşte o zaman ruh kendisini, deneyimiyle bilir. İşte o zaman cenneti yaşar.

Şimdi, şu anda, ruhun, Gerçekten Kim Olduğunu bilmen için yine bir imkan yarattı.

Şu anda okuduğun sözleri ruhun sana *getirdi.* Daha önce de getirmiş olduğu gibi.

Şimdi ne yapacaksın? Ne olmayı seçiyorsun? Ruhun ilgiyle seyrediyor ve bekliyor. Daha önceleri de çok kez yaptığı gibi.

Dünyevi başarımı (burada hala kariyerim hakkında konuşmaya çalışıyorum). Hangi olmak boyutunu seçtiğime göre mi belirliyorum? Doğru mu anlıyorum?

Senin dünyevi başarınla değil, seninle ilgileniyorum. Evet, bazı olmak boyutlarında uzun süre yaşadığında, zaten dünyevi anlamda kazanacağın başarı da kaçınılmazdır. Ama "yaşamını kazanmak" için endişe etmemelisin.

Gerçek Ustalar, yaşamı kazanmaya çalışmak yerine, yaşamı yaratmayı seçenlerdir.

Öyle varoluş boyutları var ki, bu boyuttan yaratılan hayat, öyle dolu, öyle harikulade, öyle kazançlıdır ki, dünyevi zenginlikler ve başarılar, bir soruna konu bile olmaz. Hayatın ironisi şu ki, dünyevi zenginlik ve başarının sorun olmadığı anda, onların sana doğru akmasının yolu açılmış olur.

Unutma! İstediğine sahip olamazsın, ama sahip olduklarını deneyimleyebilirsin.

İstediklerime sahip olamaz mıyım?

Hayır.

Bunu diyoloğumuzun başlangıcında da söylemiştin. Ama hala anlayamıyorum. Bana *ne istersem* ona sahip olabileceğimi de söylüyordun. "Düşünürsen, inanırsan sahip olursun" sözün gibi.

Bu iki söylediğim birbiriyle tutarsız değil.

Değil mi? Bana kesinlikle tutarsız geliyor.

Bu, senin anlayışının darlığından dolayı.

Pekala, anlayışımın geniş olmadığını biliyorum. Bu yüzden seninle konuşuyorum ya.

Öyleyse daha açıklayayım. İstediğin *her şeye* sahip olamazsın. Birinci bölümde söylediğim gibi, bir şeyi istemenin kendisi, onu senden uzaklaştırır.

Yine beni kaybettin. Seni takip edemiyorum.

Takip etmeye çalış. Daha detaylı olarak anlatacağım. Şimdi anladığın bir noktadan başlayalım: *Düşünce yaratıcıdır*. Değil mi?

Evet.

Söz yaratıcıdır.

Evet.

Aksiyon yaratıcıdır. Düşünce, söz ve aksiyon yaratıcılığın üç boyutudur. Hala benimle misin?

Evet.

İyi, şimdi "dünyevi başarıyı" konumuz olarak ele alalım. Çünkü bu konuda soru sorup duruyorsun.

Harika.

Şimdi "Ben dünyevi başarı istiyorum." diye bir düşüncen var mı?

Bazen, evet.

Bazen de "daha çok para istiyorum" diye bir düşüncen var mı?

Evet.

İşte bu yüzden ne dünyevi başarıya ne de daha çok paraya sahipsin.

Neden?

Çünkü, evrenin sana *kendi düşüncenin direkt karşılığını getirmekten başka seçimi yok.*

Senin düşüncen "dünyevi başarı istiyorum" şeklinde değil mi? Yaratıcı güç şişedeki cin gibidir. Sözlerin emirdir anlıyor musun?

Öyleyse neden daha fazla başarıya sahip olmuyorum?

Sözlerinin evren için bir emir olduğunu söyledim. Sen "dünyevi başarı istiyorum" diyorsun. Evren de "tamam, iste" diyor.

Hala ne demek istediğini anlayamıyorum.

Şöyle düşün: "Ben" sözcüğü yaratıcılık motorunun çalışmasını başlatan anahtardır. "Ben" sözcüğü son derece güçlüdür. Evrene gönderdiğin emri başlatır.

Ben sözcüğü büyük Ben'i harekete geçirerek Ben'i takip eden cümle fiziksel realitende gerçekleşir.

Bu nedenle "Ben + başarı istiyorum" sözü sende *başarıyı istemeyi* gerçekleştirir.

"Ben +Para istiyorum" sözü sende *para isteği* yaratır. Başka bir şey yaratamaz, çünkü yaratıcı olan düşüncelerin, sözlerin, aksiyonlarındır. Para ve başarı istediğin için aksiyon olarak bu *isteği* duyma deneyimini yaşarsın. Anladın mı?

Evet! Tanrım! Gerçekten böyle mi oluyor?

Tabii ki siz *çok güçlü yaratıcısınız.* Ama kızgınlıkla ya da öfkeyle bazen "Geber" ya da "Öl de kurtulayım" gibi sözler söylediğiniz, düşündüğünüz veya bela okuduğunuz zamanlar da oluyor. Bunları tekrar tekrar söylemediğiniz takdirde, gerçekleşeceğinden endişe etmeyin.

Tanrım şükürler olsun!

Olsun. Fakat, bir düşünceyi, bir sözü sürekli tekrarlarsanız -bir kez iki kez değil, yüzlerce kez- bunun yaratıcı gücünün ne olduğunu düşünebiliyor musunuz?

Sürekli bela okuyan kimselerin neden başlarının beladan kurtulmadığını hiç düşündünüz mü?

Sözün yaratıcılığı, söyleyen kişinin *kendi* realitesini oluşturur.

Tekrar tekrar ifade edilen, bir düşünce, bir söz... yaşamınızda ifade bulur. Yaşamınızda görünür hale gelir. Kendi fiziksel realitenizi oluşturur. Bu nedenle "başarı istiyorum" yerine "başarıya sahibim" diye düşünün.

Bu bana hiç de inandırıcı gelmez. Böyle söylersem kendimi kandırıyormuş gibi hissederim. Zihnim "hadi oradan sende" diye ciyak ciyak bağırır.

O zaman kabul edebileceğin bir düşünceyi seç. "Başarı bana doğru geliyor" ya da "Attığım her adım beni başarıya götürüyor" gibi.

Hmm. Demek New Age afirmasyonlarının ardında yatan gerçek buymuş.

Afirmasyonlar, yalnızca gerçekleşmesini istediğin şeylerin cümlesini tekrar etmekten ibaretse işe yaramaz. Ancak cümlelerin, senin için bir gerçeğin ifadesi olduğunu biliyorsan etkili olur.

En etkin afirmasyon şükran duygusu içerendir. "Yaşamıma başarı getirdiğin için teşekkür ederim, Tanrım" gibi.

Afirmasyon bir sonuç alma isteğiyle değil, sonucu *almış olduğunu* bilmenin farkındalığıyla yapılmalı. Sonuç hakkında emin olmaktır bu. "Ya olmazsa" diye bir şüphe taşımamaktır.

Hayatında deneyimlemeyi seçtiğin bir şey varsa, onu "isteme", seç! Dünyevi başarıyı seçiyor musun? Daha çok parayı seçiyor musun? İyi. Seç. Gerçekten tüm yüreğinle. Hiç şüphe etmeden.

Ama, şu anda bulunduğun gelişim sürecinde, bir anda "dünyevi başarı" konusunda hiç kafa yormadığını fark edersen şaşırma.

Bu ne demek oluyor?

Her ruhun gelişim süreci içinde, fiziksel bedeni tümüyle ihmal ederek, yalnızca kendi gelişimiyle ilgilendiği bir dönem vardır. Dünyevi başarıyı tümüyle bir yana koyarak, yalnızca Kendini Gerçekleştirmenin tek amaç haline geldiği bir dönemi vardır. Bu dönem, bir bakıma tehlikelidir. Bu dönemde varlık, ruhu olan bir beden değil, bedeni olan bir ruh olduğunu fark eder. Bu bakış açısında, olgunlaşana dek ise bedenle ilgili hiçbir şeyle ilgilenememe eğilimi olabilir. Ruh, nihayet "keşfedildiği" için heyecan duyar. Bu dönemde zihin, bedenle ilgili hiçbir şeyle ilgilenmez. Hiçbir şey umursanmaz. İlişkilerden vazgeçilir. Aileler terk edilir. Faturalar ödenmez. Hatta beden yeterince beslenmez bile. Tüm dikkat ruhla ilgili olan konulara yönelmiştir.

Bu, doğal olarak kişinin günlük yaşamında önemli krizlere neden olur. Fakat zihin bu krizleri algılamaz bile. Çünkü zihniniz "uçmuştur". Çevrenizdekiler size "aklını kaybetmiş" gözüyle bakar. Bir bakıma da öyledir.

Hayatın bu döneminde bu kez tersten bir dengesizlik yaşanır.

Önce insan, yalnızca bedenden ibaretmiş gibi yaşamıştır; şimdi ise beden hiç yokmuş gibi. Bu tabii ki doğru değildir. Kişi, (bazen çok acılar çekerek ve çektirerek) kısa bir süre sonra bunun doğru olmadığının farkına varır.

Siz daima beden, zihin, ruh üçlemesinden oluşuyorsunuz. Yalnızca dünyada yaşarken değil, her zaman.

Bazılarınız, ölüm anında bedenin ve zihnin, ruhtan ayrıldığına inanıyor. Beden ve zihin ölüm anında da ayrılmaz. Beden yalnızca en yoğun katmanını geride bırakır. Ama bedenin en dış katmanı ruhla kalır. Zihin de (beyinle karıştırmayın) sizinle gider. Zihin, beden ve ruh aynı enerji kütlesinin üç boyutudur.

Dünya gezegeninde hayat denilen deneyime geri dönmeyi seçerseniz, Ben'iniz kendisini yine beden-zihin-ruh dediğiniz boyutlara ayıracaktır. Gerçekte üç belirgin karakteri olan tek bir enerjisiniz.

Dünyaya yeniden gelmek için yeni bir beden seçmeye karar verdiğinizde, etherik bedeniniz titreşimlerini azaltır. Etherik bedenin titreşimleri görülmeyecek kadar yüksektir. Bu nedenle titreşimlerini kütle ve maddeye dönüşecek hıza indirgemesi gerekir. Gerçek *yaratıcı madde*, üçleme varlığınızın Yüksek Ben'idir. Saf düşüncedir. Bu yaratıcı madde trilyarlarca farklı titreşimlerdeki enerji ünitelerinin toplamıdır. Zihin sürekli bu minik enerji ünitelerini üreterek Kim Olduğunuzu yaratır. Etherik beden, düşünceleri "yakalayarak" enerji ünitelerinin vibrasyonlarını düşürür (kristalize eder) ve kristalize olmuş enerji, maddeye dönüşür.

Kullanılmış enerji üniteleri bedenden atılır ve zihin sürekli yenilerini yaratır. Bedeninizdeki her hücre de böyle yenilenir. Siz sözcüğün tam anlamıyla birkaç yıl önceki *aynı kişi değilsiniz.*

Eğer, sürekli hastalık ya da nefret, kızgınlık, olumsuzluk düşünceleri taşırsanız bedeniniz bu düşünceleri fiziksel boyuta dönüştürecektir.

Ruhunuz, hangi dramayı (hastalık-sağlık, mutluluk-mutsuzluk) oynamayı seçerseniz seçin sizinle ilgili Gerçeği daima bilir. Asla orijinal planı, ilk düşünceyi unutmaz. Görevi size Kim Olduğunuzu yeniden ve yeniden hatırlatmaktır.

Size anlatacak çok şey var. Ama buna ne bir kitap hatta ne de bir ömür yeter.

Ama hatırlamaya başladın. Bu iyi. Büyük öğretmeniniz William Shakespeare'in dediği gibi: "Senin rüyalarının çok çok ötesinde şeyler Horatio; Cennette ve Dünyada var."

Sana bu konuda bir soru daha sorabilir miyim? Zihin, ölümden sonra benimle gittiğine göre, "kişiliğim" de benimle birlikte gider mi? Ölümden sonra, yine kim olmuş olduğumu bilir miyim?

Evet... ve tüm olmuş olduğun kişilikleri de. Çünkü bilmenin sana yararı var. Ama, şu anda bilmen gerekmiyor.

Peki, bu hayata yönelik, hesap vermek ya da muhasebe yapmak var mı?

Ölümden sonra dediğin hayatta yargılama yoktur. Hatta

kendin bile kendini yargılayamazsın. (Bu hayatta kendini nasıl yargıladığını ve affedici olmadığını düşünürsen, kendine düşük puan vereceğin kesindir.)

Hayır, yargılama yok. Yalnızca insan yargılayıcıdır. Öyle olduğunuz için de, benim de yargılayıcı olduğumu düşünüyorsunuz. Ben asla yargılamam, fakat siz bu büyük gerçeği bir türlü kabul edemiyorsunuz. Fakat yargılama olmaksızın, yaşamınızı gözden geçirme imkanı bulacaksınız ve eğer yeniden dünyada yaşamayı seçerseniz; Kim Olmak İstediğinize karar verebilesiniz diye.

Doğu mistik öğretilerinde Kama Loca denilen bir doktrin var. Bu öğretiye göre ölümden sonra her insan düşündüğü, söylediği, yaptığı her şeyi gözden geçirme imkanı buluyor. Ama kendi bakış açımızdan değil, tüm bunlardan etkilenen diğer insanların bakış açısından. Bir başka deyişle biz zaten düşündüğümüz, söylediğimiz ve yaptığımız her şeyi hissederek deneyimledik.

Şimdi ise diğer insanların her bir anda ne hissetmiş olduklarını deneyimlememiz gerekiyor. Bu ölçüye göre, yeniden ne düşüneceğimize, söyleyeceğimize ve yapacağımıza karar vereceğiz. Bu konuda ne diyorsun?

Bu hayatından sonra olanları, anlayabileceğiniz sözcüklerle ifade etmek çok güç. Çünkü farklı boyuttaki deneyimleri anlatmak için söz, araç olarak yetersiz kalıyor. Ama, bu hayatı gözden geçirirken acı, korku ve yargılama olmayacak demek yeterli olur. Çünkü amaç, dünyadaki son deneyiniz hakkında ne hissettiğinize ve o noktadan itibaren nereye gitmeye karar vermeniz olacak.

Çoğunuz, bu yoğun ve görece boyuta yeniden dönmeye

karar verecektir. Kendiniz hakkında yeni seçimler yapmayı isteyecektir. Bazılarınız (çok azınız) farklı bir misyonla geri döneceksiniz. Diğerlerinin yoğunluk ve madde boyutunun dışına çıkmasına yardımcı olmak için ruh amacınız doğrultusunda döneceksiniz. Dünyada, aranızda bu amaçla geri dönen çok insan var. Onları hemen fark edersiniz. Onların hazzı başkalarına yardım etmektir.

Bu insanlar her yerde. Tahmininizden çok daha fazla sayıda.

Ben de onlardan biri miyim?

Hayır. Onlardan biri olsaydın bu soruyu sorma ihtiyacını duymazdın. Çünkü soracak bir soru yoktur.

Sen bu hayatta haber taşıyıcısın. Arayışını sürdürüyor ve sıklıkla Gerçeği dile getiriyorsun. Bu kadarı bir hayat için yeterli. Bunun için mutlu ol.

Oh, mutluyum. Ama daima daha fazlasını umut edebilirim!

Evet! Umut edeceksin de. Daima daha fazlasını umut edeceksin. Umut senin doğanda var. Bu, daima daha çok olmayı arzu eden yüce doğanızdır.

Şimdi sana, bu bölümü başlatan soruna kesin yanıt vermek istiyorum.

Gerçekten sevdiğin şeyi yap! Başka hiçbir şey yapma! Çok az zamanın var. Sevmediğin bir şeyi *yaşamını kazanmak* için yaparak bir anı bile ziyan etmeyi nasıl düşünebilirsin?

Bu, yaşamı kazanmak değil, kaybetmek olur. Bu yaşamak değil, ölmektir. Eğer, "Ama, ama... bana bağımlı kişiler var... beslenmeyi bekleyen minik ağızlar var... bana muhtaç olan eş var..." dersen, yanıtım şu olacaktır: Eğer yaşamının, bedeninin ne yaptığıyla ilgili olduğunda ısrarlıysan, buraya niçin geldiğini anlamıyorsun demektir. Hiç olmazsa sana zevk veren bir şeyi yap. Kim Olduğun hakkında mesaj veren bir şeyi yap.

Hiç olmazsa, seni hazdan alıkoyduğunu düşündüğün kimselere tepki ve kızgınlık duymazsın.

Bedenin ne yaptığı önemli. Ama düşündüğün şekilde değil. Bedenin yaptıkları, Kim Olduğunun yansıması olmalı, olmak istediğine ulaşma çabası değil.

Gerçekte, kişi mutlu olmak için bir şeyler yapmaz, mutlu olduğu için bir şeyler yapar. Kişi anlayışlı olmak için bir şeyler yapmaz, anlayışlı olduğu için bir şeyler yapar. Yüksek bilinç boyutundaki bir insanda, ruhun seçimi, bedenin aksiyonundan önce gelir. Yalnızca bilinçsiz bir insan bir şeyler yaparsa, mutlu olacağına inanır. Ruhun doyumunu, bedenin yaptıklarında arar.

İşte bu nedenle "Hayatın, bedeninin yaptıkları değildir." Ama "bedeninin yaptıkları, hayatının yansımasıdır."

Bu, bir başka yüce ikilemdir. Ama hiçbir şey anlamamış olsan da şunu anla: Haz duyma hakkın var, çocuklu ya da çocuksuz, eşli ya da eşsiz. Ara! Bulursun! O zaman para kazansan da kazanmasan da mutlu bir ailen olur. Eğer onlar bu durumdan haz duymuyorlarsa, seni terk etmeyi seçerler. O zaman da onları haz arayışlarında, sevgiyle özgür bırakırsın.

İşin, Kim Olduğunun göstergesidir. Eğer değilse, niçin yapıyorsun, yapmak zorunda olduğunu mu düşünüyorsun? *Hiçbir şeyi yapmak zorunda değilsin.*

Eğer Kim Olduğun, "Bir erkek, ailesini kendi mutsuzluğu pahasına bile olsa geçindiren kişidir" ise, o zaman işini *sev,* çünkü o, senin "Yaşayan Kim Olduğunun" göstergesidir. Senin yarattığındır. Eğer Kim olduğun, "Bir kadın, sorumluluklarını üstlenmek için nefret ettiği bir işi yapmalıdır" ise, o zaman işini sev, çünkü yaptığın, senin Kendi imajını destekliyordur.

Hiç kimse, yapmak istemediği şeyi yapmaz.

~13~

Peki sağlık sorunlarımı nasıl halledebilirim? Üç hayata yetecek kadar kronik sağlık sorunlarının kurbanı oldum. Neden hepsini *bu* hayatta yaşıyorum?

Öncelikle bir şeyde anlaşalım. Onları seviyorsun. Çoğunu. Onları harikulade şekilde kendine acımak ve üzerine ilgiyi çekmek için kullanıyorsun. Bazı anlarda hastalığını sevmediğin zamanlar da oldu. Çünkü çok ileri gittiler. Onları yaratmandaki amacın tahminin de ötesine gitti.

Şimdi, artık zaten bildiğin şeyler konusunda anlaşalım: tüm hastalıklar, kendi yarattıklarınızdır. Bugün geleneksel tıp doktorları bile, insanların kendilerini nasıl hasta ettikleri konusunda hemfikirler. Çoğu insan bunu bilinçsizce yapıyor. (Hatta ne yaptıklarının farkında bile olmadan.) Hastalandıklarında ise neye uğradıklarını şaşırıyorlar. Hastalıklarını kendilerinin kendilerine yaptığı bir şey olarak düşünmek yerine, Başlarına gelen bir şey olarak algılıyorlar.

Çünkü çoğu insan -sadece sağlık konusunda ve sonuçlarında değil- tüm yaşamlarını bilinçsizce sürdürüyor.

İnsanlar sigara içiyor ve neden kanser olduklarına şaşıyor.

İnsanlar hayvanları yiyor, aşırı yağ tüketiyor ve neden damarlarının tıkandığına şaşıyor.

İnsanlar yaşamları boyunca kızgın yaşıyor ve neden kalp krizi geçirdiğine şaşıyor.

İnsanlar, acımasızca ve büyük stres altında başkalarıyla rekabete girişiyor ve neden felç geçirdiklerine şaşıyor.

Açıkça görülmeyen bir şey de, çoğu insan kendisini öldürecek kadar endişe içinde yaşıyor.

Endişe, nefretten sonra, insanın kendisine ölümcül zarar verdiği en kötü zihin aktivitesidir. Endişenin hiçbir anlamı, amacı yoktur. Ziyan edilmiş mental enerjidir. Endişe aynı zamanda bedene müthiş zarar veren biyokimyasal reaksiyon yaratır. Hazımsızlıktan, kalp krizine kadar her türlü hastalığa neden olur. Endişe bittiğinde, sağlık bir anda düzelir. *Endişe, Benimle bağlantısını bilmeyen zihnin aktivitesidir.* Nefret, en zararlı zihinsel durumdur. Bedeni zehirler ve sonuçları düzeltilemeyecek kadar vahimdir.

Korku, olduğunuz her şeyin tam zıddıdır. Bu yüzden mental ve fiziksel sağlığınızın tam zıttı sonuçlar yaratır. Korku *büyümüş endişelerdir.*

Endişe, nefret, korku, -anksiyete, acı çekme, sabırsızlık, hırs, tamah, anlayışsızlık, yargılama ve suçlama- gibi ürünleriyle birlikte bedene, hücresel boyutta saldırır. Bu koşullarda sağlıklı bedene sahip olmak imkansızdır.

Benzer şekilde, daha az boyutta olsa da, aldatma, açgözlülük, her türlü madde tutkunluğu fiziksel hastalık ya da rahatsızlık yaratır. Kişi tam anlamıyla sağlıklı olamaz. Tüm hastalıklar, önce zihinde yaratılır.

Bu nasıl olabilir? Ya başkasından bize geçen hastalıklar? Soğuk algınlığı, AIDS?

Hayatınızda hiçbir şey ama hiçbir şey, önce düşüncenizde

olmazsa yaratılamaz. Düşünceler mıknatıs gibidir, sonuçları size çeken mıknatıs. Düşünceleri her zaman açıklıkla göremezsiniz, " Şimdi korkunç bir hastalığı kendime bulaştıracağım." demezsiniz. Düşünceler genellikle şöyle olur: "Yaşamaya layık değilim.", "Hayatım hep sıkıntı içinde geçiyor.", "Çok şanssızım.", "Tanrı beni cezalandıracak.", "Hayattan bıktım usandım." Düşünceler, en az farkında olunan güçlü bir enerji formudur. Sözlerin farkındalığı ve yoğunluğu daha fazladır. Aksiyon ise en yoğun olanıdır. Aksiyon, fiziksel boyutun en güçlü enerjisidir. "Ben çok şanssızım" diye düşündüğünüzde, müthiş bir yaratıcı enerjiyi harekete geçirmiş oluyorsunuz. Neden soğuk algınlığı yaşadığınıza şaşmamalı. Bu yaşayacaklarınızın en küçük sorunudur.

Olumsuz düşünce, fiziksel şekil aldığında sonuçları tersine çevirmek oldukça zordur. İmkansız değil, ama çok zordur. Olağanüstü bir inanç gerektirir. Evrenin pozitif gücüne yürekten inanmayı gerektirir. Bu güce Tanrı, Tanrıça, İlk Neden, Primal Güç, Kozmik Bilinç... ne derseniz deyin. Şifacılar böyle bir inanca sahiptir. Bu inanç Mutlak Bilmeyi gerektirir. Şifacı, senin *bu anda* bütün, mükemmel olduğunu bilir. Bu bilmek, bir düşüncedir. Çok güçlü bir düşünce. Bırakın, bedeninizdeki molekülleri değiştirmeyi, dağları bile devirecek bir güç. Bu yüzden şifacı, uzak mesafeden bile kişiyi iyileştirebilir.

Düşüncenin mesafesi yoktur. Düşünce, daha düşünceyi dile getirmeden dünyayı ve evreni dolaşır. Fakat *hepiniz* mental cüzamlısınız. Zihninizi negatif düşüncelerle yiyip bitiriyorsunuz... Ve neden hasta olduğunuza şaşıyorsunuz. Senin deyiminle "sağlık sorunlarının" üstesinden düşünce sorunlarını çözerek gelebilirsin. Evet, şu anda sahip olduğun bazı sorunları iyileştirebilir ve yeni sorunların büyümesini engelleyebilirsin. Tüm bunları ancak düşüncelerini değiştirerek yapabilirsin. Ayrıca, Tanrıdan gelmesi çok basit olan bir şeyi sana tavsiye edeceğim: *Tanrı aşkına, kendine iyi bak.*

Bedenine hiç de iyi bakmadın. Bedeninde bir takım hastalıklar olana kadar, hiç de bedenine dikkat etmedin. Bedenini korumak için hiçbir şey yapmıyorsun. Arabana, bedeninden daha fazla ilgi gösteriyorsun. Daha da söyleyebileceğim şeyler var ya.

Doktora gitmiyorsun, gitsen de önerileri uygulamıyorsun. Ve doktor ziyaretleri arasında hiçbir şey yapmıyorsun. Egzersiz yapmıyorsun, bedenin sadece gevşemekle kalmıyor, kullanılmamaktan dolayı zayıflıyor. İyi beslenmiyorsun, bedenini iyice zayıflatıyorsun. Üstüne de, "yiyecek" diye kabul ettiğin sentetik maddelerle bedenini toksin ve zehirlerle dolduruyorsun... ve hala bedenin çalışıyor. Bunca katletmene rağmen, bedenin cesurca mücadele ediyor.

Bedeninin ona sunduğun koşullar altında hala yaşam çabası vermesi olağanüstü. Ama değiştirmek için hiçbir çaba göstermiyorsun. Bu satırları okuyacak, başını pişmanlıkla sallayacak, ama aynen devam edeceksin. Neden biliyor musun?

Sormaya korkuyorum.

Çünkü *yaşama arzun yok.*

Bu çok katı bir suçlama.

Bu ne katılığı ne de suçlamayı amaçlıyor. "Katı" görece bir terim, sözcüklere yüklediğiniz bir yargılama. "Suçlama" ise suçluluk duygusunu, yanlış yapmayı çağrıştırıyor. Oysa burada suçlama ve yargılama yok. Yalnızca gerçeği söyledim.

Her gerçek gibi sizi uyandırmayı amaçlıyor. Çoğunuz uyanmaktan hoşlanmıyor. Çoğunuz uyumayı tercih ediyor. Dünyanız bu koşullar içinde. Çünkü dünyanız uyurgezerlerle dolu.

"Yaşama arzunuz yok" dediğimde, bunun nesi yanlış? Şu ana kadar var mıydı? Şu anda birdenbire "değiştiğinizi" söylüyorsanız, sözlerim bir anlam taşımaz. Ama sözlerim geçmiş deneyimlerinize dayalı... ve sizi uyandırmayı amaçlıyor. Bazen, birisi derin uykudayken onu sarsarak uyandırmanız gerekir.

Geçmişte, yaşama arzunuzun çok olmadığını gördüm. Bunu reddedebilirsiniz, ama aksiyonlarınız sözlerinizden daha fazla konuşuyor. Eğer, sigara içiyorsanız -hele yirmi yıldır günde bir paket sigara içiyorsanız- yaşama arzunuz çok azdır. Bedeninize ne yaptığınız umurunuzda değildir.

Ama ben on yıl önce sigarayı bıraktım!

Yirmi yıl süren fiziksel cezadan sonra. Eğer bedeninize alkolü sokuyorsanız, yaşama arzunuz çok azdır.

Ben çok az içiyorum.

Beden alkol almaya göre yapılmamıştır. Alkol zihni zedeler.

Ama İsa alkol içti. Gittiği düğünde suyu alkole dönüştürdü.

İsa'nın mükemmel olduğunu kim söyledi?

Oh, Tanrı aşkına!

Benden rahatsızlık mı duyuyorsun?

Tanrı'dan rahatsızlık duymak mı? Ama babam "Her şeyin kararını bilmeliyiz" derdi. Kararında içilen alkolün zararlı olmayacağını düşünüyorum.

Beden kararında yapılan zararı daha çabuk telafi edebilir. Bu yüzden babanın söylediği doğru. Ama orijinal sözümde ısrarlıyım: Bedenin yapısı, alkole uygun değil.

Fakat bazı ilaçlarda bile alkol var.

Sizin ilaç dediğiniz şeyler üzerinde kontrolüm yok.

Bu konuda gerçekten katısın, değil mi?

Bak, gerçek gerçektir. Birisi "birazcık alkol almanın zararı yoktur" dediğinde bu söz şu anda yaşadığınız hayat için geçerli olabilir. Ama bu sözümün geçerliliğini değiştirmez. Yalnızca sizin kulak vermemenizi sağlar.
Ama şunu düşünün. Şu anda, siz insanlar bedeninizi elli-seksen yılda eskitiyorsunuz. Bazılarınız için bu süre biraz daha uzun olabiliyor, ama çok sayıda kişi için değil. Bazılarınız daha erken bile eskitiyor. Bu konuda hem fikir miyiz?

Evet.

Pekala, Şimdi "biraz alkollün zararı yoktur" sözü şu anda yaşadığınız hayata göre size doğru geliyor. Fakat bedeninizin *çok daha uzun* yaşamaya uygun yapısı olduğunu bilmiyorsunuz.

Ne kadar uzun?

Çook uzun.

Bu ne demek oluyor?

Bedeniniz ebediyen yaşayabilir.

Ebediyen mi?

Evet.

Yani hiç ölmek zorunda değil miyiz?

Asla ölmüyorsunuz. Hayat sonsuzdur. Siz ölümsüzsünüz. Asla ölmüyorsunuz. Sadece şekil değiştiriyorsunuz. Ama bunu bile yapmak zorunda değilsiniz. Ölmeye siz karar verdiniz, Ben değil.

Bedeninizi sadece altmış-seksen yıl yaşamak için mi yarattığımı sanıyorsunuz?

Bedeniniz sonsuza dek yaşayabilecek harikuladelikte yapılandı. Başlangıcınızda ölüm korkusu olmaksızın, bedeninizde yaşıyordunuz. Dinsel mitolojinizde, Adem ve Havva diye sembolize edilen ilk insan modeli hala hücresel belleğinizde kayıtlı. Tabii, başlangıçta iki kişiden daha fazla insan vardı.

Amaç, size burada defalarca anlattığım gibi ruhun Kim Olduğunu, fiziksel beden içinde de deneyimleyerek, görece dünyada Kendisini bilmesiydi.

Bedenleme, sınırsız hıza sahip düşünce vibrasyonunun kendisini yavaşlatarak maddeye dönüşmesiyle oluştu. Hayat sizin milyarlarca yıl dediğiniz, göz açıp kapayıncaya kadar kısa bir sürede adım adım oluştu.

O zaman evrim teorisi *doğru*!

Siz insanların her şeye doğru ya da yanlış etiketi koymanız beni çok eğlendiriyor. Bu etiketleri maddeyi ve Kendinizi tarif etmeye çalıştığınız için koyduğunuzun farkında bile değilsiniz. Aranızda çok geniş ve ince düşünenleriniz hariç, bir şeyin hem doğru hem yanlış olabileceğini düşünemiyorsunuz. Ancak görece dünyada bir şey bir şeye göre o ya da bu olabilir. Mutlak boyutta, zamanın olmadığı boyutta *her şey her şeydir.*

Erkek-dişi, önce-sonra, hızlı-yavaş, burada-orada, aşağı-yukarı, sol-sağ, yanlış-doğru yoktur. Astronotlarınız bunu çok iyi bilir. Kendilerinin yukarı doğru uzayda yol aldıklarını sanırken, gittikleri noktada, yine Dünyayı görmek için yukarıya bakıyorlardı. Yoksa, öyle miydi? Belki de aşağıya bakıyorlardı! Peki güneş neredeydi? Yukarıda? Aşağıda? Hayır! Orada, solda. Güneş *yukarıda* ya da *aşağıda* değildi... *Yandaydı*...Ve daha önceki konumların tarifi bir şey ifade etmiyordu. Gerçek boyutunda tüm tarifler anlamını yitirir. Bu boyutu sözlerle tanımlamaya çalışmak zordur.

Din, sizin bu tarif edilemeyeni tarif etme çabanızdır. Ama hiç de başarılı değilsiniz.

Her şey bir anda yaratıldı… yaratıcı teorilerinizin söylediği gibi. Ve milyarlarca yıl evrimleşme süreci geçirdi… evrim teorisinin söylediği gibi. İki tarafta "doğru" Tıpkı astronotların keşfettiği gibi, nereden baktığınıza bağlı. Ama gerçek sorunuz şu: Bir an mı? Milyarlarca yıl mı? Ne fark eder? Hayatın bazı gizemleriyle ilgili sorularınız, sizin bile çözemeyeceğiniz kadar büyük olamaz mı?

Çünkü hepimiz doymak bilmez bir "bilme arzusu"na sahibiz.

Ama *zaten* biliyorsun! Daha şimdi sana söyledim. Ama siz Gerçeği bilmek istemiyorsunuz, gerçeği *sizin anladığınız şekilde* kabul etmek istiyorsunuz. İşte bu, aydınlanmanızın önünde en büyük engel. Gerçeği zaten *bildiğinizi* sanıyorsunuz. Zaten *anladığınızı* sanıyorsunuz. Kendi anlayışınıza uygun okuduğunuz, işittiğiniz, gördüğünüz her şeyi doğru kabul ediyor, uymayanı reddediyorsunuz ve buna öğrenmek diyorsunuz. Buna öğrenmeye açık olmak diyorsunuz. Kendi gerçeğiniz dışında her şeye kapalı olduğunuz sürece öğrenmeye açık olamazsınız.

Bu kitap da, bazılarınız tarafından "şeytan işi" olarak nitelendirilecektir. Ama kulakları iyi işitenler, lütfen dinlesin: Bedeniniz ölmüyor. Ruh algılıyor, zihin yaratıyor, beden deneyimliyor. Bu şekilde ruh kendini deneyimliyor. Eğer, deneyimlediği şeyi değiştirmek istiyorsa, Kendisinin yeni bir boyutunu algılıyor, kelimenin tam anlamıyla *fikrini değiştiriyor*... Ve beden kendisini yeni bir deneyimin içinde buluyor.

Buna siz bir başka hayat diyorsunuz. Bedeniniz, zihniniz ve ruhunuz birdir.

Bu üçleme Benim mikrokozmoz halimdir. Siz HERŞEYsiniz. Şimdi benim her şeyin başlangıcı ve sonu olduğumu Alfa ve Omega olduğumu anlıyor musunuz?

En büyük gizem; sizin Benimle olan ilişkinizdir.

SİZ BENİM BEDENİMSİNİZ.

Sizin bedeniniz, zihniniz ve ruhunuz için neyse, siz de Benim zihnim ve ruhum için O'sunuz. Bu nedenle, deneyimlediğim her şeyi sizin vasıtanızla deneyimliyorum. Sizin bedeniniz, zihniniz ve ruhunuz nasıl birse, Benim bedenim, zihnim ve ruhum da birdir. Ustalarınız "Ben Tanrıyım" dediklerinde işte bu gerçeği dile getirdiler.

Şimdi size, daha büyük bir gerçeği de söyleyeceğim. Sizin, Benim bedenim olduğunuz gibi, Ben de başkasının bedeniyim.

Yani sen Tanrı değil misin?

Evet, Tanrıyım, şu anda anladığınız kadarıyla. Sizin şu anda bildiğiniz ve deneyimlediğiniz her şeyi Düşleyen ve Yaratanım. Tıpkı sizin Benim çocuklarım olduğunuz gibi, Ben de başkasının çocuğuyum.

Bana Tanrı'nın da bir Tanrısı olduğunu mu söylemeye çalışıyorsun?

Sana, en yüksek gerçek olarak algıladığın şeyin sandığından çok daha sınırlı olduğunu, Gerçeğin, hayal edebileceğinden çok daha sınırsız olduğunu söylüyorum.

Sana sonsuzluğun ve sonsuz sevginin mini minnacık bir görüntüsünü sunuyorum. (Daha büyüğünü şu anda sahip olduğunuz realite ile kaldıramazsınız. Bu kadarını kavramakta bile güçlük çekiyorsunuz.)

Bir dakika! Burada gerçek bir Tanrı ile konuşmadığımı mı söylüyorsun?

Eğer Tanrı'yı -tıpkı kendi bedeninizin yaratıcısı ve efendisi olduğunuz gibi- sizin yaratıcınız olarak algılıyorsanız Ben, bu anlayışınızın Tanrısıyım ve evet benimle konuşuyorsun. Çok nefis bir sohbet oldu değil mi?

Nefis ya da değil, ben gerçek Tanrıyla konuştuğumu sanıyordum. Yani, en tepedeki Tanrı.

Onunla konuşuyorsun. İnan bana. Onunla.

Ama, senin de üzerinde, bir başka Tanrı olduğunu söylüyorsun.

Şu anda konuşulması ve anlaşılması mümkün olmayan üzerinde konuşmak istiyorsun. Tıpkı dinlerinizin yapmaya çalıştığı gibi. Ne söylemek istediğimi özetlemeye çalışayım:

TASARLAMA = DÜŞLEME

Sonsuzluk, sandığınızdan daha ötedir. Ebediyet, sonsuzluk gibi kavramları hayal edemiyorsunuz. Tanrı da sizin hayal edebildiklerinizin çook ötesinde. Tanrı, hayal edebilme enerjisidir. Tanrı yaratıcılıktır. Tanrı ilk düşüncedir. Tanrı son deneyimdir. Tanrı bu ikisi arasındaki her şeydir.

Hiç, çok güçlü bir mikroskoba baktınız mı ya da moleküler hareketleri gösteren bir film gördüğünüz de "Tanrım, burada *tüm* evren var" dediğiniz oldu mu? Böyle bir evreni gözlemleyen Kendinizi, Tanrıymış gibi hissettiğiniz oldu mu? Hiç böyle bir duygu yaşadınız mı?

Evet, herhalde herkesin bir şekilde kendisini Tanrı gibi hissettiği anlar olmuştur.

İşte, o anda size göstermeye çalıştığım şeyin fragmanını kendiniz görmüş oluyorsunuz. Peki, size o kendinizin görmüş olduğu realitenin asla sonu olmadığını söylesem ne düşünürsünüz?

Bunu açıkla, lütfen.

Evrenin düşünebileceğin en küçücük parçacığını al.

Tamam.

İkiye böl.

Tamam. Daha küçük yarımlar.

Onu da ikiye böl. Şimdi ne?

Daha da küçük yarımlar.

Tekrar ve tekrar böl. Şimdi ne oluyor?

Daha da küçücük parçalar.

Evet, ama ne zaman parçalara ayırabilmen *sona eriyor*? Parçaları ne kadar böldükten, ayırdıktan sonra varoluşu sona eriyor?

Bilmiyorum. Herhalde varoluşu asla sona ermiyor.

Asla *tümüyle* yok edemeyeceğini, yalnızca şeklini değiştirebileceğini mi söylüyorsun?

Öyle görünüyor.

İşte şu anda tüm hayatın sırrını öğrenmiş ve sonsuzluğun penceresinden bakmış oldun. Şimdi sana bir sorum var.

Tamam.

Neden sonsuzluğun yalnızca tek istikamete doğru olduğunu düşünüyorsun?

Aşağı gidenin sonu yoksa, yukarı gidenin de sonu olmamalı.

Aşağısı yukarısı yok. Ama ne demek istediğini anlıyorum.

Küçüğün sonu yoksa, büyüğün de sonu olamaz.

Doğru.

Eğer büyüğün sonu yoksa, o zaman *en büyük* olamaz. Bu anlamda Tanrı da olamaz ya da belki, her şey Tanrıdır ve Tanrıdan başka bir şey yoktur.

Ben OLAN'ım ve Sen OLAN'SIN. Olmayan olamazsın. İstediğin gibi Form'unu değiştirebilirsin ama kendini olmayan kılamazsın. Kim Olduğunu bilmeyebilirsin ve bilmediğin için de sadece *yarımı* deneyimleyebilirsin.

Bu da cehennem oluyor değil mi?

Evet, ama bilmediğin için suçlanmazsın. Cehennemden çıkmanın -bilmemekten çıkmanın- yolu, yeniden bilmekten geçiyor. Bunu bilmenin de birçok yolu, birçok boyutu var. Şu anda o boyutlardan birini deneyimliyorsun. Sizin anlayışınıza göre bu üçüncü boyut oluyor.

Çok daha fazla boyut var değil mi?

Sonsuz.

Cehennem denilen bir yer veya boyut da yok değil mi?

Böyle bir boyutun ne amacı olabilir ki? Ama siz daima bildiğinizle sınırlısınız. Bu nedenle Kendinizin bilmediğiniz boyutlarını da yaratıcı olduğunuz halde yaratamıyorsunuz. Bu hayatınızda olabileceğinizin bir boyutunu deneyimliyorsunuz. Ne olabileceğinizin ise *sınırı yok.*

Senin gibi... söylemeye çekiniyorum... Tanrı olabilir miyim?

Sen ne düşünüyorsun?

Bilmiyorum.

Bilene kadar olamazsın. Üçlemeyi unutma: ruh-zihin-beden. Düşle-yarat-deneyimle. Kendi sembolojinizi unutmayın.
KUTSAL RUH=İLHAM=DÜŞLEMEK
BABA=EBEVEYNLİK=YARATMAK
OĞUL=ÇOCUK=DENEYİMLEMEK
Çocuk, ebeveyn düşüncenin yarattığını deneyimler; Düşünce ise, Ruh tarafından düşlenmiştir. Bir gün kendini Tanrı olarak düşleyebiliyor musun?

En derin anlarımda. En çılgınca düşlerimde.

İyi. Çünkü sen *zaten* bir Tanrısın. *Yalnızca henüz bunu bilmiyorsun.*

~14~

Evet. Sana her şeyi açıkladım. Hayatı. Nasıl çalıştığını. Nedenini ve amacını. Sana, nasıl daha fazla hizmet edebilirim?

Şimdilik soracağım daha fazla bir şey yok. Bu olağanüstü diyalog için teşekkürler. Beklediğimin ötesinde bir sohbet oldu. Sana sormak istediğim, orijinal sorularıma baktığımda, hayat, ilişkiler, para, kariyer ve sağlıkla ilgili ilk beş soru üzerine konuşmuş olduğumuzu görüyorum. İstesem daha başka sorular da vardı. Ama o soruları şu anda önemsiz buluyorum.

Evet. Ama, sordun. Çabucak, teker teker o soruları da yanıtlayalım.

Burada öğrenmem gereken karmik ders ne? Ne üzerinde ustalaşmaya çalışıyorum?

Burada hiçbir şey öğrenmiyorsun. Öğrenecek bir şey yok. Sadece hatırlanacak olan var. Beni (bütünü) yeniden hatırlamak.
Nede ustalaşmaya çalışıyorsun? *Ustalaşmada* ustalaşmaya çalışıyorsun.

Reenkarnasyon diye bir şey var mı? Kaç geçmiş hayatım var? O hayatlarda neydim? "Karmik borç" diye bir şey var mı?

Hala bu konuda bir soru olduğuna inanmak zor. Geçmiş hayat deneyimleriyle ilgili, güvenilir kaynaklardan öylesine çok bilgiye sahipsiniz ki. Bazıları öylesine detaylı ve tümüyle test edilebilir verilere dayanıyor ki. Buna rağmen uydurulduğuna ve araştırmacıların kandırılmaya çalışıldığına inanıyorsunuz.

Tam rakamı istiyorsan 647 geçmiş hayatın var. Bu 648 incisi. O hayatlarda *her şey* oldun. Kral, kraliçe, köle. Öğretmen, öğrenci, usta. Erkek, kadın. Savaşçı, barışçı. Kahraman, korkak. Katil, kurtarıcı. Bilge, aptal. Hepsi oldun.

Sorunda kastettiğin anlamda "karmik borç" yok. Borç, geri ödenmesi gereken bir şeydir. Oysa *zorunluluk* olarak bir şey yapmanız gerekmiyor. Fakat hala yapmak istediğiniz şeyler, seçmek istediğiniz deneyimler var. Bu seçimlerden bazıları, daha önceki deneyimlerinizden kaynaklanan arzularınızın yarattıkları oluyor. Sizin karma dediğiniz şey ancak en uygun bu kelimelerle anlatılabiliyor.

Eğer karma eski deneyimlerinizi ve yaşadığınız olayları ölçü alarak, doğuştan gelen daha iyi olma arzusu, daha büyük olma arzusu, gelişme ve büyüme arzusu olarak anlaşılıyorsa, evet, karma vardır. Ama hiçbir zorunluluk yoktur. Asla bir zorunluluk olamaz. Siz, her zaman olduğu gibi ve daima özgür seçimle yaratıyorsunuz.

Bazen, kendimi çok psişik hissediyorum. Psişik olmak diye bir şey var mı? Ben psişik miyim? (Psişik, duyu ötesi algılamalara sahip kişi anlamına geliyor. Ç.N) Psişik olduğunu söyleyen kişiler şeytanla mı flört ediyor?

Evet, psişik olmak diye bir şey vardır. Sen öylesin ve herkes öyle. Psişik yeteneği olmayan kimse yoktur, bu yeteneği kullanmayan insanlar vardır. Psişik yetenek dediğiniz şey, altıncı duyunuzu kullanmaktan başka bir şey değil.

Tabii ki bu yeteneği kullanmak "şeytanla flört" değil. Öyle olsaydı bu yeteneği size vermezdim. Zaten flört edilecek şeytan da yok. Bir gün -belki de İkinci Kitapta- psişik enerjinin ve psişik yeteneğin nasıl kullanıldığını size anlatırım.

İkinci kitap da olacak mı?

Evet. Ama önce bu kitabı bitirelim.

Yaptığımız iyi işler için para almak doğru mu? Eğer şifacılık yaparak insanların iyileşmesine yardımcı olmayı seçersem, hem böyle bir işi yapmak hem de para kazanmak doğru mu?

Bu konuyu daha önce konuşmuştuk.

Seks yapmak doğru mudur? Seks yapmanın amacı ne? Seks bazı dinlerin söylediği gibi sadece üreme amaçlı mı? Kutsallık ve aydınlamaya cinsel enerjiyi reddederek ya da dönüştürerek ulaşılabilir mi? Sevgisiz seks yapmak doğru mudur? Salt fiziksel haz almak, bunun için yeterli bir neden mi?

Tabii ki seks yapmak "doğrudur". Eğer sizin bazı oyunları oynamanızı istemeseydim, oyuncakları da vermezdim. Siz çocuklarınıza oynamalarını istemediğiniz oyuncakları veriyor musunuz? Seksle oynayın. Harika bir zevktir. Yalnızca fiziksel deneyimden bahsediyorsanız, seks, bedeninizle oynadığınız en zevkli oyundur. Ama lütfen cinselliğin saf hazzını, zevkini, hoşluğunu, cinselliği yanlış amaçlarla kullanarak bozmayın. Onu güç gösterisi için, gizli amaçlarınız için, ego tatmini ve birisinin üzerinde kontrol kurmak için kullanmayın. Cinsellik verilen ve paylaşılan en saf haz, en harikulade sevgidir. Cinsellik öylesine saf enerjidir ki yeni bir hayat yaratır! Sizin *daha fazla olmanız* için en zevkli bir yol seçmemiş miyim?

Cinselliği reddetmeye gelince, bundan daha önce bahsetmiştim. Reddederek hiçbir yüceliğe asla ulaşılamaz. Fakat, daha geniş realitelerin farkına varıldıkça *arzular* değişir. Bu nedenle, insanın cinselliği daha az arzu etmesi, hatta hiç arzu etmemesi olağanüstü değildir. Bu arzunun değişimi, bedenin her türlü aktivitesi için de geçerlidir. Bazıları için ruhun aktiviteleri, daha büyük bir haz kaynağıdır. Bu nedenle de ruhsal arzular en önemli hale gelir. Amaç, herkesin kendi arzuları doğrultusunda, yargılamanın olmadığı bir yaşam sürmesidir.

Sorunun son cümlesine şöyle yanıt vereyim: Bir şey için neden bulmak zorunda değilsiniz. Yalnızca nedeni siz olun. Deneyiminizin nedeni kendinizsiniz.

Unutmayın, deneyim Kendiniz hakkında bilmeyi sağlar. Kendinizi ne kadar bilirseniz, o kadar yaratırsınız. Ne kadar yaratırsanız o kadar deneyimlersiniz.

Kendini sevgisiz cinsellikle yaşayan biri olarak deneyimlemek istiyorsan... Yaşa! Ta ki artık bu deneyimi istemeyene kadar. Bunu ya da herhangi bir davranışını durduracak tek şey, Kim Olduğun hakkında yeni bir düşünceye sahip olmandır.

Hem bu kadar basit, hem bu kadar karmaşık.

Seksten uzak kalmak zorundaysak, neden seksi böylesine

güçlü, eğlenceli ve harikulade yaptın? Neden tüm eğlenceli şeyler "ahlak dışı, yasa dışı ya da şişmanlatıcı"?

Bu sorunun yanıtını da biraz önce verdim. Tüm eğlenceli şeyler ahlak dışı, yasa dışı ya da şişmanlatıcı değildir. Fakat sizin eğlence anlayışınız enteresan. Bazılarınız için "eğlence" bedenin duyuları anlamına geliyor. Bazılarınız için de "eğlence" tamamen farklı olabiliyor. Bu, Kim Olduğunuzu ve burada niçin varolduğunuzu sandığınıza bağlı.

Seks hakkında söylenecek çok şey var. Ama en önemlisi; seks *hazdır.* Ve çoğunuz seksi haz dışında her şey olarak yaşıyor, algılıyor ve yargılıyorsunuz.

Seks kutsaldır da! Evet! *Haz ve kutsallık aynı şeydir.* Ama çoğunuz hazzın ve kutsallığın ayrı olduğunu, bir arada bulunamayacağını düşünüyorsunuz. Seks hakkındaki düşünce ve davranışlarınız, hayat hakkındaki düşünce ve davranışlarınızın ölçüsü ve örneğidir. Hayat bir haz olmalı, kutlama olmalı. Oysa sizin için korku, endişe, yetersizlik, kıskançlık, öfke ve trajedi oluyor. Seks için de aynı şeyler söylenebilir. Seksi bastırdınız, hayatı bastırdığınız gibi! Kendinizi dolu dolu hazla ifade etmek yerine, seksten utandınız, hayattan utandığınız gibi. Ona şeytani ve kötü dediniz. En büyük armağan ve en büyük haz olduğunu bilmek yerine! Dünyanızın yüzde seksen insan nüfusu, hayatı katlanılacak bir yer olarak görüyor ve gerçek hazzın ölümden sonra yaşanacağını düşünüyor. Çoğunuzun böyle düşünmesi, gerçekten utanç verici. Hayatı yaratan bir davranıştan utanmanıza şaşmamalı. Seksi aşağılayan, hayatı aşağılar. Seks enerjisini sağlıklı olarak ifade edemeyen, hayat enerjisini sağlıklı olarak ifade edemez; çünkü enerji hayattır! Sizi birbirinize yönelten bu çekici, yoğun ve gerekli arzu bir olma arzusudur. Ve yaşayan her şeyin temel dinamiğidir. Bu çekim yaşayan her şeyin içinde vardır. Olan'ın içgüdüsüdür.

Seks (ve aynı şey olan sevgi) hakkında yarattığınız tabular, ahlaki değerler, dinsel yasaklamalar ve duygusal kurumlar, *gerçek özünüzü, varlığınızı kutlamayı* imkansız kıldı.

Zamanın başlangıcından beri insanın gerçekten istediği tek şey sevmek ve sevilmek arzusu oldu ve zamanın başlangıcından beri insan bunun gerçekleşmesini engellemek için, bütün gücünü kullandı. Seks, sevginin olağanüstü ifadesidir. Birbirinizi sevmenin, kendinizi sevmenin, *hayatı* sevmenin olağanüstü ifadesi! Bu yüzden seksi seviyorsunuz. Ama kimseye söyleyemiyorsunuz, seksi ne kadar sevdiğinizi gösterirseniz, sapık olarak nitelendirirsiniz. Asıl sapık olan, sizin seks hakkındaki tabularınız.

İkinci kitabımızda, seks konusuna daha derinden yaklaşacağız. Seksin dinamiğini detaylarıyla araştıracağız. Çünkü bu konunun global boyutta etkisi var.

Şimdilik şu kadarını bilin: Size utanç duyacağınız hiçbir şey vermedim. Hele bedeniniz ve fonksiyonlarıyla ilgili, asla. Bedeninizi ve fonksiyonlarını gizlemenin hiç gereği yok. Onları ve birbirinizi sevmenizin de.

Televizyon programlarınız çıplak şiddeti göstermekten hiç sakınmıyor, ama çıplak sevgiyi göstermek? Tüm toplumunuz da bunu yansıtıyor.

Başka gezegenlerde hayat var mı? Onlar tarafından ziyaret edildik mi? Şu anda gözleniyor muyuz? Bu hayatımızda bunun yadsınamaz bir kanıtını görecek miyiz? Her hayat formunun kendi Tanrısı mı var? Sen her şeyin Tanrısı mısın?

İlk soruya evet. İkinci soruya evet. Üçüncü soruya evet.

Dördüncü soruya yanıt veremem. Çünkü bu Benim geleceği belirlememi gerektirir. Fakat gelecek dediğiniz konudan, İkinci Kitap'ta daha detaylı bahsedeceğim. Dünya dışı yaşam ve Tanrı'nın doğası (Tanrıların doğaları) konusuna ise Üçüncü Kitapta gireceğim.

Oh, Tanrım Üçüncü Kitapta mı olacak?

Planımı açıklayayım: Birinci Kitap, temel gerçekleri, anlayışları kapsıyor ve gerekli bireysel sorun ve konuları açıklıyor. İkinci kitap, daha geniş gerçekleri, daha geniş anlayışları kapsıyor ve global sorun ve konuları açıklıyor. Üçüncü kitap, şu anda anlayabileceğiniz en geniş anlamda gerçekleri kapsıyor, evrensel sorun ve konuları açıklıyor. Evrendeki tüm varlıklarla ilgili sorunlar ve konular.

Anlıyorum. Bu bir emir.

Hayır. Eğer, bu soruyu soruyorsan, bu kitaptaki hiçbir şeyi anlamamışsın demektir. Bu çalışmayı yapmayı sen seçtin- ve seçildin. Daire tamamlandı. Anlıyor musun?

Evet. Dünya gezegeninde Ütopya gerçekleşecek mi? Tanrı, kendisini söz verdiği gibi dünya insanına gösterecek mi? İkinci geliş diye bir şey var mı? İncil'deki kehanet gibi dünyanın sonu gelecek mi? Tek bir gerçek din var mı? Varsa hangisi?

Bu soruların kendisi zaten bir kitap. Üçüncü kitabın büyük bölümünü oluşturuyor. Bu açılış kitabını, daha özel sorunlarl'a, daha pratik konularla sınırladım. Daha büyük sorulara, global ve evrensel konulara ikinci ve üçüncü kitaplarda gireceğim.

Hepsi bu mu? Şimdilik? Daha fazla konuşmayacak mıyız?

Beni şimdiden özledin mi?

Evet! Çok eğlenceliydi! Şimdi ara mı veriyoruz?

Biraz dinlenmeye ihtiyacın var. Okurların da dinlenmeye ihtiyacı var. Hazmedilmesi gereken çok konu var. Düşünce sporu yapılacak çok şey var. Biraz kendine zaman ayır. Konular üzerinde düşün. Kendini yalnız hissetme. Daima yanındayım. Eğer günlük soruların varsa -şu anda olduğunu da biliyorum- yanıtları için Ben'i çağırabilirsin. Kitap için beklemene gerek yok.

Seninle konuştuğum tek yol bu değil. Beni ruhunun gerçeğinde dinle. Yüreğinin duygularında dinle. Zihninin sessizliğinde dinle.

Beni, her yerde işitebilirsin. Bir sorun olduğunda ona *zaten* yanıt vermiş olduğumu *bil*.

Gözlerini kendi dünyanda açık tut. Yanıtım, okuduğun bir makale, katıldığın bir konferans, gördüğün bir film, işittiğin bir müzik olabilir. Yanıtımı, sevdiğin birinin sözlerinde, yeni tanıştığın bir arkadaşının yüreğinde bulabilirsin.

Rüzgarın fısıltısı, ırmağın sesi, yağmur damlalarının vurması, şimşeğin gürültüsünde de Benim Gerçeğimi duyabilirsin. Toprağın hissettirdiğinde, leylağın kokusunda, güneşin sıcaklığında, ayın çekiminde de.

Benim Gerçeğim -ve ihtiyaç anında en güvenilir yardımcın- gecenin gökyüzü kadar büyüleyici, bebeğin gülüşü kadar içten ve sade, hızlı kalp atışı kadar gürültülü ve Benimle bir aldığın nefes kadar sessiz.

Seni bırakmayacağım. Seni *bırakamam*.

Sen benim yarattığımsın, Benim ürünümsün, Benim kızımsın, Benim oğlumsun, Benim Amacımsın ve Benim...

KENDİMSİN.

Ne zaman huzur olan Ben'den ayrı olduğunu hissedersen, Beni çağır.

Orada olacağım.

Gerçekle.

Işıkla.

Sevgiyle.

KURALDIŞI MEDİTASYON KASETLERİ

STRES İÇİN MEDİTASYON

Subliminal-bilinçaltı eşiği mesajları ile

NİL GÜN

Günümüzde stres her insanın sorunu. Stres ruhta can sıkıntısı, zihinde karmaşa, endişe, korku, bedende yorgunluk, uykusuzluk, değişik hastalıklar yaratıyor.

Bu kasedi işyerinde, evde, kendinizi stres altında hissettiğiniz herhangi bir anda kullanabilirisniz. Stres meditasyonunun bitiminde kendinizi dinç, canlı ve rahat hissedeceksiniz. Önemli bir görüşmeden, toplantıdan, karar verme aşamasından önce yapılan stres meditasyonu size büyük ölçüde yararlı olacaktır. Gününüzün verimliliği artacaktır.

Düzenli, her gün yapılan meditasyonun ruh / zihin / beden sağlığınıza olumlu etkisi vardır.

Kendinize her gün zaman ayıracak kadar değerlisiniz.

ÇAKRA MEDİTASYONU

Subliminal-bilinçaltı eşiği mesajları ile

NİL GÜN

Çakra meditasyonu, bedeninizdeki enerji tıkanıklıklarının açılmasını, çakra merkezlerinin uyarılmasını, yaşam enerjisinin bedeninizden kolaylıkla akmasını amaçlıyor.

Sanskrit dilinde "Yaşam Tekerleği" anlamına gelen çakraların açık olmaması, bedenin hormonal düzenini etkiler. Bedensel, duygusal, zihinsel ve ruhsal hastalıklara neden olur. Açık olması halinde, kendimizi ‹ aha canlı, enerjik, sağlıklı ve mutlu hissederiz. Bilinç düzeyimiz genişler, iç ve d ş dünyamız uyumlu hale gelir.

Çakra meditasyonunu, günlük meditasyon olarak yaptığınızda algılama kapasitenizin artışına kısa bir sürede tanık olacaksınız. Meditasyon artık "yapılan" bir şey olmaktan çıkacak zihininizin doğal hali olarak "kendiliğinden" bir süreklilik kazanacaktır.

KİLO ALMADAN SİGARAYI BIRAKMAK

Hipnomeditasyon
Subliminal - bilinçaltı eşiği mesajları ile

NİL GÜN

Sigarayı bırakmak istiyor ama bir türlü bırakamıyorsunuz. Hipnomeditasyon sigarayı bırakmak için etkin bir yoldur.

Hipnomeditasyon yardımıyla bırakılan sigarada kilonuzu koruyacaksınız. Çünkü sigaranın yerine yiyeceği koyma ihtiyacını duymayacaksınız. Akciğerleriniz, kalbiniz, dolaşım sisteminiz size teşekkür edecektir. Nefesiniz daha temiz olacaktır. Kendinizi daha sağlıklı, daha güvenli ve çok daha mutlu hissedeceksiniz. Arkadaşlarınız ve sevdikleriniz sizdeki değişimin yalnızca sigarayı bırakmakla sınırlı olmadığını görecek ve mutlu olacaklardır.

Tüm bunların olacağına inanmakta güçlük çekiyorsanız deneyin. Uygulayın. Sonuçları görün. Sigaraya harcadığınız paranın cebinizde kar kalması da cabası.

SAĞLIKLI ZAYIFLAMAK

Hipnomeditasyon
Subliminal - bilinçaltı eşiği mesajları ile

NİL GÜN

Kaç kez değişik diyetleri denediniz? Karın gurultusu ve iradeniz sonucu belki amacınıza ulaştınız. İstediğiniz kiloya indiniz. Artık normal herkes gibi yiyebilirdiniz. Yediniz... ve birkaç hafta ya da ay içinde tüm kaybettiğiniz kiloları yine aldınız...

Aşırı yemenin nedenlerini düşünmeden yiyeceğinizden keserek verilen kilolar kalıcı olamaz. Sorununuz metabolizmanızda değil, bilinçaltınızda. Bilincinizle bedeninizi yiyecekten mahrum edip kilo kaybedebilirsiniz. Ama diyete son verdiğiniz gün, bilinçaltınız kontrolu eline alacaktır. Çünkü bilinçaltı zihin, bilinçli zihinden çok daha güçlüdür.

Kilonuzu belirleyen, mideniz değil bilinçaltınızdır. Kilo konusunda size kalıcı etki yapan hiçbir özel ilaç ya da diyet yoktur. İnce beden, ince düşüncelerle başlar. Sağlıklı bedenin sağlıklı düşüncelerle başladığı gibi.

Ancak bilinçaltınızı doğru programlayarak ve dost görerek yaşamınızda kalıcı değişimler yaratabilirsiniz. İdeal kilonuza ulaşmanız doğal, kalıcı, kolay ve sağlıklı olacaktır.

ÖZGÜVEN

- Kendi davranış kalıplarınızın farkında olmak ve başkalarının üzerindeki etkiyi gözlemleyebilmek.
- Otomatikman tepkilerinizin farkında olarak, tepkilerinizi yerinde ve zamanında gösterme yetisi kazanmak.
- İletişimin değişik yollarını bilinçlice deneyimlemek.
- Çelişkilerle yüzleşebilmek.
- Kontrolcü baskı ve otoriteyi reddedebilmek.
- Duygularınızı içtenlikle ifade edebilmek ve başkalarının duygularına sağlıklı tepkiler verebilmek.
- Empati geliştirmek.
- Gerçekten "haklı" olduğunuz durumlarda, çoğunluk size karşı olsa bile etkin olabilmek.
- Tepkiselliğiniz yüzünden "haklı" iken "haksız" konuma düşmemeyi öğrenmek.
- Olumlu "feedback" verebilmek.
- İlk kez karşılaştığınız insanlarla "merhaba" dedikten sonra iletişim kurabilmek.
- "Hayır" demek istediğinizde "hayır" diyebilmek.
- "Evet" demek istediğinizde "evet" diyebilmek.
- En agresif insanlarla bile baş edebilmek.

Grup dinamiği oyunları ile özgüveninizi süreç içinde kazanacağınız bu bireysel gelişim workshopu, bir deneyimsel farkındalık çalışmasıdır.

İLİŞKİ (KADIN-ERKEK)

BEKARSANIZ;

- Bu kez farklı olacak diye başladığınız ilişkilerinizin sonu hep hüsran mı oluyor?
- Karşı cinsle iletişim kurmakta güçlük çekiyor musunuz?
- Kadınları/erkekleri anlamak mümkün değil diye mi düşünüyorsunuz?
- Aşk, tutku, alışkanlık ve sevgi arasındaki farkı biliyor musunuz?
- Kadınlar/erkekler konusunda şanssız olduğunuzu mu düşünüyorsunuz?
- Geçmiş ilişkilerinizdeki partnerlerinizin hep ortak özellikleri var mı?

EVLİ YA DA BİRLİKTEYSENİZ;

- Eşinizle/sevgilinizle birlikteliğiniz monotonlaştı mı?
- Partneriniz tarafından anlaşılmadığınızı mı düşünüyorsunuz?
- Partneriniz yaşamınızda bir boşluk mu dolduruyor?
- "Mutlu aşk yoktur" sözüne inanıyor musunuz?
- Birlikteliğin temeli olarak gördüğünüz şeylerin her insan için farklı olduğunu hiç düşündünüz mü?
- Evlilik/birliktelik içinde yalnızlık duyuyor musunuz?

Özetle;

- Sevgiyi yaşamanızı engelleyen şeyin, takılan maskeler, benimsenen roller ve imajlar olduğunu biliyor musunuz?
- Siz karşı cins olsaydınız, kendinizi eş ya da sevgili olarak seçer miydiniz?

Bir kadınla bir erkeğin ilişkiyi başlatması kolaydır. Sorunlar ilişkiyi sürdürmekte çıkar. Çünkü karakter, kişilik ve gereksinim farklılıkları zaman içinde sorun yaratır.

Sağlıklı birliktelik bilgi, bilinç ve emek ister.

Bakış açınızı değiştirmeye hazırsanız ve ilişkilerinizde kendiniz olmaya cesaretiniz varsa bu workshopa katılmaya da hazırsınız demektir.

İLETİŞİM

- NEDEN bazı insanlara anında kanınız kaynıyor ama en sevdiğiniz arkadaşınızın arkadaşı ilk tanışmanızda sizi rahatsız ediyor?* NEDEN bir çocuğunuza kendinizi yakın hissederken diğerine aynı duyguyu hissedemiyorsunuz?
- NEDEN ilk bakışta aşık olduğunuz insan bir süre sonra, sizi ilk anda çeken özellikleri yüzünden itici hale geliyor; bonkörlüğü müsriflik, rahatlığı sorumsuzluk, kendine güveni ukalalık oluyor?
- NEDEN başka şirkette çalışırken bin bir zahmetle kadronuza aldığınız eleman, şimdi size hiçbir işe yaramadığı duygusunu veriyor?
- NEDEN yıllardır en derin sırlarınızı paylaştığınız dostunuzla artık iletişimin koptuğunu hissediyorsunuz?

NEDEN? NEDEN? NEDEN?

İş, aşk ve arkadaşlık boyutlarında ilişkiyi başlatmanın ne denli zor olduğunu herkes deneyimlemiştir.

Diyelim ki siz çok kolay başlatıyorsunuz. Ya sürdürmesi?

Evet; sağlıklı bir iletişim için karakter (doğuştan getirdiğimiz) ve kişilik, (aile, okul, çevre vb. etkisiyle sonradan edindiğimiz) uyumu son derece önemlidir.

Özetle; sağlıklı bir iş, evlilik-birliktelik ve arkadaşlık ilişkisi oluşturmak zordur. Ama bu ilişkiyi oluşturamamanın ağır bir bedeli var: yanlış anlaşılmak, anlaşılmamak, aldatılmak, başarısızlık ve YALNIZLIK.

Anlaşılmamaktan mı şikayetçisiniz?

Siz hiç başkalarını anlamayı denediniz mi?

Ya onların bakış açısından görmeyi?

Bu workshopa katılın ya da katılmayın; seçim sizin.

Tıpkı yaşamınızı başkalarının eline teslim etmekle, yaşam geminizin kaptanı olmak arasında yaptığınız seçim gibi, mucizeleri bekleyin! Ya da mucizeleri yaratın!

KENDİN OLMAK

Fiziksel, duygusal, zihinsel ve ruhsal boyutlarıyla insan bir bütündür. Bu boyutlardan sadece birinde bile dengeyi sağlayamazsa mutsuz olur... Mutsuzluğunun nedeninin de kendisini tanımamaktan kaynaklandığının farkına varmaz. İnsan, yaşamı boyunca karşısına çıkan olaylar, insanlar, koşullar sayesinde deneyimler kazanarak kendini tanıma (olgunlaşma) yolunda ilerler. Yaşlıların, "şimdi bildiklerimi keşke gençlik yıllarında bilseydim" diye yakındıklarını duyarız. Bu, onların eğer yaşamlarını yeni baştan yaşama imkanı olsaydı tercihlerini farklı şekillerde yapacaklarının göstergesidir.

Yani kendini tanımanın (olgunlaşmanın) bedeli uzun yıllar, hatta tüm bir ömürdür. Uzun ömrün bile olgunlaşmayı garantilemediği sıkça görülen bir gerçek. İnsanlar bedensel yetişkinliğe zamanla ulaşıyorlar ama ya ruhsal yetişkinliğe?

Kendini tanıma workshopu 80 saate sığdırılmış "Hayatın Özel Panoraması"dır.

İnsan bilincinde ve bilinçaltında var olanları dört maddeye ayırabiliriz.

1. Bireyin hem kendisinin hem başkalarının bildiği şeyler.
2. Kendisinin bildiği ama başkalarının bilmediği şeyler.
3. Kendisinin farkında olmadığı ama başkalarının farkında olduğu şeyler.
4. Ne kendisinin ne de başkalarının farkında olduğu şeyler

(olumlu ya da olumsuz)

İşte, uygulamalı zihinsel, duygusal ve ruhsal egzersizler dizisinden oluşan workshop, özellikle 3. maddenin çoğu ile 4. maddenin bir kısmını bireyin bilincine çıkarmayı amaçlıyor.

İnsanlara "Kendinizi tanıyor musunuz?" diye sorduğumuzda çoğunun vereceği yanıt genellikle, "tabii ki tanıyorum" olur. Oysa "tanımak" kavramı ile kastedilen, sadece 1. ve 2. maddelerdir.

* Yıllar sonra birikmiş "Keşke"leriniz olmaması için,
* Amaçlı bir yaşam için,
* Daha objektif, tutarlı ve isabetli yaşam seçenekleri için,
* Tepkisel değil etkisel, duygusal değil duyarlı bir insan olmak için,
* Kendinizle barışık olmak, kendinizi olduğunuz gibi sevmeyi öğrenmek için;

öğrendiklerinizi yaşama geçirmeye kararlıysanız bu çalışmaya katılın.

Çünkü değerlisiniz.